Irena Brežná

Die Sammlerin der Seelen

Unterwegs in meinem Europa

Aufbau-Verlag

Für einige Texte dieses Bandes erhielt die Autorin einen Werkbeitrag des Kantons Basel-Stadt und der Schweizer Stiftung Pro Helvetia.

ISBN 3-351-02562-9

1. Auflage 2003

Umschlaggestaltung Bea Klenk
Druck und Binden GGP Media, Pößneck
Printed in Germany

www.aufbau-verlag.de

Für Sainab

INHALT

I.
HEIMATSINNE UND FREMD-CARD

HEIMATSINNE UND FREMD-CARD

2000

Als ich die schottische Perkussionistin Evelyn Glenny nach ihrem Hamburger Konzert frage: Aber wie hören Sie? liest sie mir von den Lippen ab und fragt gereizt zurück: Und wissen Sie, wie Sie hören? In der sprachlosen Verwirrung, in die mich die taube Musikerin stößt, nehme ich auf einmal Druckwellen in meinen Beinen wahr, die von einem startenden Motorrad kommen. Seitdem höre ich auch mit den Beinen.

In einem Londoner Café bedient mich ein Transvestit, der mit seiner dicken rosaroten Schminke und dem hyperbolisierten Hüftewiegen das permanente Fest der Weiblichkeit veranstaltet. Hineingeboren in die Männlichkeit, ist er trunken davon, endlich eine Frau zu sein. Der Kenner beschämt die in die Weiblichkeit Hineingeborene, die den Genuß an diesem Umstand vergessen hat. Als ich das Café verlasse, lege ich in meine Schritte die größtmögliche Anmut, die Frau würdigend.

Für mich sind das Heimatgeschichten. Mir ist die Heimat abhanden gekommen, es war vor über drei Jahrzehnten, und seitdem sehe ich mich in der halben Welt nach ihr um, spüre sie mit einem fein entwickelten Heimatorgan auf.

Die Nachricht von der biblischen Heimreise der von Stalin deportierten Krimtataren berührt mich. Ein ganzes Volk kehrt seit Mitte der neunziger Jahre nach einem halben Jahrhundert verwehrter Heimat aus den zentralasiatischen Steppen auf die Krim zurück. Die Redakteurin eines Schweizer Magazins blickt leer, als ich ihr diese Reportage vorschlage: »Wo, sagen Sie, ziehen diese Leute hin? Wozu? Nein, das zieht nicht.«

Mich zieht das Ende des Heimatverlustes an. Ich fahre nach Bachtschissaraj. Auf einem Rosenfeld sehe ich aufgeschlagene Zelte, darin Armut und Entschlossenheit zu bleiben. Ich treffe den krimtatarischen Führer Mustafa Dschemilew, er ist körperlich ausgezehrt und geistig fest. Für das Recht auf Rückkehr wurde er fünfzehn Jahre lang durch den GULAG geschleift, aber er stand zur Heimat. Ich kenne seine Geschichte der Standhaftigkeit, jahrelang schrieb ich Briefe aus der Schweiz an den Kreml, forderte seine Freilassung. Dieser Heimatüberzeugte war für mich in meinem Schweizer Exil mehr als ein politischer Gefangener, sein Ungebrochensein gab mir ein Stück heimatlichen Bodens; ihn nun in einem bescheidenen Haus neben dem krimtatarischen Khanpalast zu wissen ist mir bedeutsam.

Ich höre vieles von dieser Heimat, daß sie den Jungen keine Arbeit gibt, daß ihr Wind die Wangen liebkost und sie den Alten einen plötzlichen Tod schenkt, mit der Sicherheit, in ihrer Erde begraben zu werden. Früher brachten die Krimtataren ihre Toten heimlich in Koffern hierher. Keine Heimat zu Lebzeiten zu haben heißt hier der halbe Tod, heimatlos zu Todeszeiten zu bleiben aber, heißt nicht gelebt zu haben und nicht gestorben zu sein.

Unruhig werde ich, als ich im Winter 1994 höre, daß russische Panzer Tschetschenien überrollen; sie sehen aus wie jene, die 1968 die Tschechoslowakei besetzten. Nicht zum weinenden Opfer will ich hin, das ich mit 18 Jahren meinte sein zu müssen, denn ich höre, daß die Tschetschenen dem Plattwalzen der Heimat etwas entgegensetzen. Begierig zu erfahren, was es ist, gehe ich mit ihnen behende durch ihre brennenden und geplünderten Dörfer, stimme in die Totenklage ein, balle die Faust mit Allahu Akbar gegen die Schüsse der russischen Soldaten. Ich sehe geraubte Heimat, die Frauenhände sanft aus den Ruinen zurückbringen, indem sie den Fremden Tee aus angeschossenen Tassen servieren. Und je mehr sich Rußland von seiner Erbärmlichkeit über den gejagten Bäuerinnen und ihren Kühen entleert, um so erbärmlicher wird es. Jene, die sich dagegen zur Wehr setzen, nennt es Banditen. Ich begegne so vielen Geschichten von Tod, Folter, Verrat, Selbstaufgabe, Rettung und Widerstand, und jede ist wie ein Granatsplitter, der sich unter meine Haut bohrt, und mit jedem Satz über das geschundene Tschetschenien ziehe ich einen heraus. Ich bleibe verletzt und dem Schreiben verpflichtet für hunderttausend Jahre. Im Lärm der Raketen freunde ich mich mit Frauen wie Lipchan und Sainab an, die episch sind wie breite Flüsse, irdisch und wach wie Wölfinnen, humorvoll und spirituell wie Menschen, die ich leicht und aufwühlend lieben kann. Ich ziehe meine Schuhe aus und gehe über die verminte Erde, um sie zu fühlen. Wie kann nach alldem Tschetschenien nicht meine Heimat sein?

Zurückgekehrt in die Stille, sagt mein Geliebter, dem seine Heimat äußerlich nie abhanden gekommen ist, ich sei seine Heimat, um die er kämpfe. Und ich höre, sehe, rieche, ertaste, daß es so ist. Und ich kämpfe mit.

Und meine, nur meine Heimat? Wenn ich beim Sonnenuntergang auf dem Fahrrad durch das hügelige Elsaß fliege, an Pferden, Weihern, Blumenfeldern, an Wäldern vorbei, und die nach dem Heim fragende tschechische Hymne singe: *Kde domov můj*, dann sind mir diese Sommerabende im selbst erzeugten Wind Heim. Das ist meine Heimat im Jahr 2000, die mit der Fremde ausgesöhnt ist, da die Fremde nun mit der Heimat vermählt ist. Das war nicht immer so.

1984. Kalter Krieg. Auf einem afrikanischen Ball in Frankreich fordert mich ein Guineer zum Tanz auf. Er spricht russisch. Er hat in der verbrüderten Sowjetunion studiert und lebt als Emigrant in Frankreich. Nun ist der eigenwillig sozialistische Diktator Sékou Touré gestorben, die Emigration ist zu Ende, das westafrikanische Guinea ist das erste Land der Welt, das den Kommunismus abschüttelt. Das erfahre ich im wiegenden Rhythmus, und einige Wochen später lande ich um vier Uhr morgens im tropischen Regen in

Conakry, mit meinem blauen Staatenlosen-Paß, Bürgerin von Nirgendwo, ich bin alleine und noch kaum des Französischen mächtig, mächtig ist nur meine Heimatprojektion. Das Tor des Konzentrationslagers Camp Boiro ist soeben geleert geworden, an den Wänden steht noch mit Exkrementen geschrieben: *Dieu est grand*. Hier wurde des Hungers gestorben, im schwärzesten schwarzen Humor hieß er *diète noire*, hier lehrten tschechoslowakische Geheimdienstler mit Strom foltern, wenn Conakry stromlos im Dunkeln versank. Ich nehme die Aussagen der Überlebenden auf, fühle Scham, Respekt und Nähe. Ich erlebe, wie Guinea sich öffnet, aber auch, wie viele ärmer werden und einige noch reicher. Ich komme immer wieder hierher, als wäre es mein postkommunistisches Trenčín. Bald spreche ich Französisch mit guineischem Akzent, werde heimisch im Gang der Guineerinnen, bei dem das Becken gelöst in der Hitze ausschwingt, trage in riesigen Containern Zehntausende Lehrbücher und Werke der Weltliteratur aus der Schweiz in den Hafen von Conakry und dazu meinen zweiten Sohn aus, mit der afrikanischen Farbschattierung auf der Haut. Jahrelang denke ich, die Heimat trägt dunkle Haut. Bin ich mir selbst nicht Heimat?

Einmal im Flugzeug über dem Nil lese ich eine deutschsprachige Zeitung und erkenne in ihrem intellektuellen Stil die Heimat der zu klaren Kristallen eingefrorenen Gedanken. Ich will sie wieder selbst erschaffen. Ich schreibe über die Begegnung mit der schwarzen Haut auf deutsch, bis ich sie enthäute, diese heimlich heimelige Heimat entheimate, sodaß sie mir nicht mehr mit dem Pawlowschen Reflex den Heimatschein ausstellt, sondern zu ihrem Ursprung zurückkehrt, zum freien Pigmentspiel der Natur. Ich unterscheide zwischen beheimatet und entfremdet, aber nicht mehr nach der Hautnuance.

Wie oft denke ich auf Reisen: Hier ist es gut, hier lasse ich mich nieder.

1980, Austin, Texas. Eine Heimat wird mir angeboten wie ein blankes Blatt Papier – fang hier an, schreib dich ein, das vergangene Gekritzel gibt es nicht. Eine joggende Gesellschaft lächelt mir zu, *hi, hi, how are you*, als wäre ich eine von ihnen. Und bin ich es nicht, wenn ich mich in den lockeren Smalltalk einbürgere? Eine großzügige Heimat, meinen weichen Akzent darf ich behalten, streng wird sie bloß, wenn die Vergangenheit aus mir herausbricht, makabre Geschichten aus *Europe*, dann lacht mich die texanische Sonne ob soviel Ernstes wieder mal aus. Soll ich mir einen fröhlichen Lebenslauf andichten? Eine verführerische Entkleidung von Altem, alles ist möglich, alles ist einfach, aber so schwierig, nein, unmöglich. Von Monat zu Monat beschneide ich mich und kann sie nicht loswerden, meine ureigenen Blüten, die wohl liebste unter ihnen ist die slowakische Sprache, getunkt im melancholischen Humor. Ich flüstere dieses Erbe meinem dreijährigen Sohn zu, und er flüstert es zurück, eine zwischen den Kakteen sprießende Heimat, wir zwei sind ihre einzigen Bürger. Da fragt eine von allen unnützen Sprachen befreite Texanerin: Welcher indianische Dialekt ist das? Ich beiße die Lippen zusammen und gebe sie nicht her, meine belastete Vergangenheit, sie ist mir Heimat. Wir kehren zurück nach *Europe*.

Heimatlose aus Diktaturen aller Welten sind meine Freunde. Wir sprechen in vielen Sprachen im selben Heimatton. Je tiefer er ist, um so beschwingter werden wir. Hier darf vom Gefängnis gesprochen werden. Meine Geschichte ist nicht exotisch, in ihr gibt es die der Achtjährigen, der der Staat die Mutter wegnahm. Sie wurde eingesperrt, und das Mädchen durfte nie ein Wort darüber sagen, auch nicht der Großmutter. Hier wundert sich niemand, daß Kindern eine Heimat aus Schweigen aufgezwungen wird, die sich eines Tages ins geschriebene Wort umkehrt. Es gibt Schlimmeres. Und man kommt damit zurecht oder eben nicht. Wundes gehört zum Smalltalk. Was für eine verständnisvolle Heimat, das Weinen kennt Lachen, das Lachen kennt Weinen. Zu Hause in den Extremen. Dabei merke ich nicht, daß die Mitte zur Fremde wird, zum Abgrund.

Wieder erlebt ein Volk den Heimatverlust. Ich sehe die Fernsehbilder der fliehenden kosovo-albanischen Bevölkerung, fern der Heimat, dem Wahnsinn nahe. Ich will mit ihnen sein in diesem Schmerz. Ich fahre nicht mehr in den Krieg. Ich hole den Krieg nach Basel, wo er schon ist. Hierhin, ins Büro des Schweizerischen Roten Kreuzes, kommen Männer, deren Frauen, Kinder, Eltern, Geschwister aus den Flüchtlingslagern in Mazedonien, Albanien nach ihnen rufen: Hole uns zu dir. Hilflose, wütende, entschlossene Männer, die für ganze Sippen Heimat geworden sind. In mein Büro kommt Kraft, gespeist aus Empörung, aber auch Ohnmacht und zärtliche Sehnsucht, mit der verwitterte Hände die Namen und Geburtsdaten ihrer Liebsten niederschreiben. Ich bestätige den Vertriebenen schwere Erkrankungen, manche erfinde ich, ob Herzinsuffizienz oder Asthma, sie sind ja nicht sichtbar, dazu die Unterschrift, der Stempel. Damit ist die Grenze für Fliehende legal offen, sonst nur mit Geld für die Schlepper. Verhelfe ich Menschen zum Heimatverlust? Nein, zur Schaffung einer kleinen Heimat, die in Gefahr die größte ist. Als die Tante der verwaisten 17jährigen Fatima anruft und sagt: »Fatima ist über die Grenze gekommen, es gibt Gott also doch«, verlasse ich endgültig das Büro, wegen dieser Nachricht habe ich dort ausgeharrt. Ich gehe durch den Park und fege meinen Kopf von allen Fluchten frei. Ein Jahr später ruft Fatima aus dem Kosovo an, es gehe ihr gut, das elterliche Haus liege noch in Trümmern, aber der Onkel baue es wieder auf.

Die Heimatspur bringt mich an viele Orte, der Kreis scheint sich zu schließen und öffnet sich neu. Ist der Exodus der rumäniendeutschen Minderheit ins deutsche Mutterland Heimreise oder vielmehr Heimatverlust? Mittelalterliche Burgen und Dörfer in Siebenbürgen, erbaut von Deutschen, die sich hier vor 800 Jahren niedergelassen haben, sehe ich verlassen von ihnen. Ursprünglich wollte ich Wölfe in den Karpaten aufspüren, ich suche sie tagelang zusammen mit einem Biologen im verschneiten Wald, aber sie zeigen sich nicht, sie brauchen den Menschen nicht. Am siebten Tag verlasse ich den Wald und gehe ins evangelische Pfarrhaus im Dorf Zeiden. Die Pfarrleute, die letzten Siebenbürger Sachsen, sagen: »Wir sind dageblieben, um das Licht auszumachen.«

Zwischendurch bin ich auch dort angekommen, wo ich bald doppelt so lang lebe wie im Land, das mir einst die selbstverständliche Heimat war

– bei den Pflanzen auf meiner Veranda, die ich gesät habe und die Blätter haben wie Dächer, über denen ich selbstbewußte Krähen sehe und verliebte Täubchen, mich mal in diesen, mal in jenen erkenne;

– bei der Dankbarkeit für die Ärzte und Hebammen im Basler Frauenspital, die mir helfen, meine Söhne zu gebären, und die lachen, als es uns allen trotz allem gelingt;

– bei den Menschen deutscher Muttersprache, die in meinem geschriebenen Deutsch Vertrautes finden, und ich in ihrem;

– bei den Westeuropäern, die nie politische Gefangene, nie Flüchtlinge waren und die ohne dieses empirische Privileg Verfolgte, Bedrohte in Schutz und Raum nehmen, mit Selbstverständlichkeit und gezielter Wut gegen perverse Systeme, und aus sich selbst die Bedrohung und Verfolgung verbannen, beharrlich, als wäre es selbstverständlich.

Inmitten von schweizerdeutschen Dialekten wähle ich die Hochsprache. Es ist, als wäre ich zu Besuch und weigerte mich, ins Kinder- und Schlafzimmer zu gehen, und säße aufrecht in der Wohnstube. Eine vorsichtige Haltung, die Rükkenschmerzen verursachen mag. Aus der biologischen Heimat entlassen, bin ich keiner mehr auf Gedeih und Verderb ausgeliefert, aus diesem Mangel und dieser Narrenfreiheit kommt die strenge Unterscheidung nach Wahlverwandtschaft. Aber nie könnte ich über dieses Thema so uneisern locker schreiben, wenn der Eiserne Vorhang als metallener Fremdkörper immer noch mein mitteleuropäisches Wesen durchschnitte, wenn ich nicht erriechen, erweinen, mir erhören, ersehen könnte, wie es um uns – die Slowakei und mich – steht. Wie kann ich in der Fremde integriert sein, wenn die Urheimat in meinem Heimatbegriff fehlt?

Einem iranischen Freund stülpt sich während seiner zwanzigjährigen Odyssee durch viele Exilländer zunehmend sein linkes Auge heraus, infolge starken Druckes, welcher Art auch immer. Er sieht verschoben. Schon wenige Tage nach seiner Rückkehr nach Teheran kehrt das Auge in seine angestammte Augenhöhle zurück. Er, der stets andere ermahnte, mit beiden Augen die Welt zu betrachten, sieht nun harmonisch, er sieht bestürzt die Fremde auch in seiner Heimat und nicht nur in der Fremde. Das Auge muß gut im Inneren eingebettet sein, um die Außenwelt richtig zu sehen.

Es ist Anfang der achtziger Jahre. Wer würde wagen zu diagnostizieren, der rigide Kommunismus werde an seiner Hohlheit zusammenbrechen? Ich richte mich auf eine ewige Spaltung ein. Die slowakische Heimat bekommt eine Bleibe in der Ferse, unter der dicken Hornhaut, die ich haben will und brauche, um lange Fußmärsche durch so viele Absurditäten auszuhalten. Ich gehe durch Paris, meine mich beschützt inmitten von so vielen Immigranten, die Stadt nimmt mich auf, ich liebe sie, dieses spannungsgeladene Asylheim. Am äußersten Rand des Heimwehs erscheint eine Fata Morgana, sie lindert den Wahn und ist er selbst. Drei Worte auf slowakisch aus der Menge: *Tu sú palacinky*, und alle Schutzwälle, die ich errichtet habe, fallen. Ein jäher Schmerz, der von den Füßen hochsteigt, und eine Naturkatastrophe nimmt mir den Körper, den Geist, ich drehe mich nach den Trägern einer mir plötzlich geschenkten, liebsten Heimat aus vertrauten Palatschinken um. Es ist ein unscheinbares slowakisches Paar, das meine höchste Auszeichnung erhält. Anschmiegen will ich mich an meine Landsleute, Augen zu und weinen, im Slowakentum aufgehen. Ein Atavismus nimmt überhand, ich halte die Träger eines Kindheitsfragments für das verlorene Ganze, werde unzurechnungsfähig, unfähig zu rechnen, daß wir nicht eins, sondern zwei, gar drei sind.

In der gleichen Täuschung gefangen, fahre ich zum ersten Mal nach 21 Jahren mitten in der Samtenen Revolution nach Bratislava. Ich will zurück, zurück in den Zustand vor der Abtrennung, will nur noch verschmelzen, egal, mit wem und wie, die mühsam erworbenen Konturen wegwerfen, als wären sie ausnahmsweise für jenes Stück Erde, das Slowakei heißt, wertlos, und an jene 18jährige Abiturientin, die von ihren Eltern wie ein Paket von hier weggetragen worden ist, nahtlos anknüpfen. Auf Verschwisterungstrip, erzähle ich dem Taxichauffeur von meinen Gefühlen, begeistere mich für verschlissene Hochhäuser im Vorort von Bratislava, weil dort unsere letzte Wohnung war, und er betrachtet mich professionell und verlangt das Doppelte. Ich gebe ihm das Zehnfache. Bin ich es ihm nicht schuldig? Ich fühle mich als Angeklagte, als wäre die Emigration ein schweres Verbrechen, und bin zu jedem zufälligen Slowakisch sprechenden Wesen so liebenswürdig, daß dies Mißtrauen weckt. Ich verfalle einem Kommunikationsrausch gerade dann, wenn ich geistig nicht ankomme; und wenn ich die Witze nicht verstehe, versuche ich es im gemeinsamen Weinen. Nähe um jeden Preis, ich verwische alles und alle, entschuldige Dummheit, Gemeinheit, Schlendrian, Betrug. Ich betrüge mich selbst. Ich verrate meinen einzigen in der Fremde, in der fremden Sprache erworbenen Besitz – das wie böhmisches Glas geschliffene Denken. Ich werde ein diffuser Klanmensch. Hauptsache ein Klan, mein Volk. Wenigstens für ein paar Tage.

Ich suche einen pränatalen Kurort, und ich hole ihn mir in

einer Art Trance. In einer Reportage beschreibe ich das Ankommen in der Slowakei traumartig: »Allmähliches Versinken. Sippen sitzen am Ufer mit von sich gestreckten Füßen in abgetragenen lila Pantoffeln und nippen gähnend an angelaufenen Gläsern. Der Himmel ist mit Brüsten und Bäuchen der slowakischen Mütter und Großmütter behangen, schwer baumeln sie von den barocken Bäumen, lächeln mit sinnlichen, rot geschminkten Mündern. Ich falle hinein, die Arme ausgebreitet. Die Uterussprache widerhallt in meinem Körper, ich senke die Schultern, beuge den Kopf vor, die Laute kommen aus der Tiefe, modulieren meine Stimme zu einer angenehmen Fülle. Ich sage familiäre Belanglosigkeiten, Höflichkeitsfloskeln, getränkt in Tränen der Rührung, als sänge ich süß-melancholische Volkslieder von überlieferter Sanftmut, Trauer, Grausamkeit und Versöhnung.«

Nach dem Erwachen brauche ich mehr als den Uterus. Und je mehr Heimat ich erwarte, um so mehr Fremde treffe ich an, wie in keinem fremden Land zuvor. Am ersehnten Tag der Heimrückkehr bin ich heimatloser denn je. Alles ist zerschellt. Es gibt nur noch die Fremde. Ich bin fassungslos und ungläubig. Ich meine mich getäuscht zu haben, fahre immer wieder für Reportagen, zu Tagungen hin, lausche, schaue, wende mich ab, mische mich ein, halte mich zurück, empöre und ergötze mich, spreche und schweige, schreibe und prüfe diesen schrecklichen, allerschrecklichsten Umstand. Es kommt auf dasselbe heraus: ich bin fremd. Ein Fremdsein, als gäbe es mich nicht.

An diesem Nullpunkt angelangt, gebe ich alle Heimatsuche auf, höre auf zu schreiben, fahre nach Kasachstan, aber nicht zum posttotalitären Niedergang, sondern alleine in die Steppe, wo scheinbar nichts ist. Je länger ich dort nichts tue, um so mehr geschieht. Ich treffe ein Pferd, reite auf den unendlichen Horizont zu, sehe Adler, höre das Geheul der Wölfe. Dies ist keine Naturheimat, der Förster erschießt die geschützten Vögel und will einen Fuchs erlegen, um mir das

Fell zu schenken. Ich will keinen solchen Tod, sondern durch die Steppe gehen, ohne vor Armut erboste Menschen anzutreffen, doch auch wenn ich tagelang niemandem begegne, ich bleibe in dieser Welt, der kasachische Boden ist verseucht von Atomversuchen.

Wieder in Basel, gründe ich mit meiner Freundin und ebenfalls Fremdin die Fremdfirma, eine interkulturelle Antiberatung. Unser Kapital ist das Wissen um die Fremde. Von der pragmatischen Idee der Firma bleibt nur der Antiwerbetext übrig – Literatur über die Fremde. Mehr nicht, und doch wie viel. Ich sehe ein, daß ich aus dem Los »heimatlos« etwas erschaffen habe. Ich besitze nun eine weltweit anwendbare Fremd-Card. Wenn ich mich vergesse und versuche in verschiedene Gruppierungen als Einheimische einzutreten, gibt es einen Code, der mich entschlüsselt und auffordert mit der wahren Identität zurückzukommen. Dann hole ich die Fremd-Card.

Ich bitte die Heimat nicht mehr um embryonale Nähe. Ich nehme mir und schenke ihr neue Räume der Fremde. In Bratislava lese ich vor einem kleinen Frauenpublikum meinen Text über den Mikrokosmos einer Schreibenden vor, in den der Makrokosmos einbricht. Ich habe ihn auf deutsch geschrieben, das Intime durch meine fremde Schreibschreibe verfremdet, und er ist von einer slowakischen Übersetzerin nochmals verfremdet worden. Ich lese diesen doppelt von mir entfernten Text in meiner Muttersprache vor und denke mich gut in dieser Distanz zu den anderen und zu mir selbst.

Als ein junger Mann aus der Ostslowakei bis nach Basel kommt, um der Vereinnahmung aller durch alle zu entfliehen, aus seiner Heimat, in der er nicht herausfinden kann, wer er ist, gebe ich ihm als Amulett ein Schweizer Souvenir, den Ausspruch von Friedrich Dürrenmatt: Sei menschlich, bewahre Abstand. Nachdenklich fährt er zu seinen ihn mit Nähe verletzenden Eltern zurück. Ich verabschiede den Landsmann nach der Märchenregel mit einem weisen Rat aus dem Wald: Handle, als wären deine Eltern und alle um dich herum Fremde, in Achtung und im Wissen um dein Recht auf Fremdheit. Er lacht wie ein Entdecker.

In der Slowakei lebt meine Freundin, die die Jahre der *normalizácia* in der inneren Emigration verbrachte, sie schaute das österreichische Fernsehen, lernte in Sehnsucht nach der Ferne Deutsch und lehrt es nun an der Universität von Bratislava. Nebenbei schreibt sie auf deutsch literaturwissenschaftliche Analysen über meine interkulturellen Texte, aus Leidenschaft, aus innerer Notwendigkeit. Ich bin für sie jenes slowakisch Weitgegangene, das sie nicht leben konnte, sie lebt wiederum den mir unbekannten slowakischen Alltag. Sie schreibt mir, wir fahren auf einem Tandem. Ich schreibe ihr, wir sind geboren als eines und geworden vieles – das auseinandergerissene und zueinanderfindende Mitteleuropa.

Im Herbst 1999 gehe ich mit einer anderen Freundin durch Kaschau, ihre Heimatstadt, die sie vor dreißig Jahren für Köln umgetauscht hat. Wieder geschieht es, wir suchen verstört die ganze Heimat in der Heimat. Vor einem Betonbau bleibt meine Freundin stehen und sagt: Das ist wie in Nairobi. Ich frage sie: Warst du in Nairobi frei und zuversichtlich?

Empfindsame Heimatsinne, wache Fremdsinne.

EINTAGSFLIEGE ALS SUBJEKT

Über die Alltagskongruenz oder Liebesgeschichten Ein Frühlingstag 1997

Beim Frühstück las ich in der Zeitung, daß über Ägypten ein Sandsturm gekommen war, kalte Luft aus Europa und heißes afrikanisches Wetter waren aufeinandergeprallt, und der Zusammenstoß hatte Finsternis über Ägypten gebracht, und in der Finsternis klammerten sich Menschen an Bäume, um nicht weggefegt zu werden. Der Sturm bediente sich dessen, was er vorgefunden hatte, des Sandes. Wenn in Ägypten Worte freigelegen hätten, hätte er diese aufgewirbelt, sie den Menschen ins Gesicht gepeitscht, und die Menschen hätten Bäume umarmt, die ohne Worte sind und daher zuversichtlich, und sie würden sich an sie schmiegen, ihre Wangen an die Baumrinde drücken und wortlos schreien. Sie hätten keine Sprache mehr, durch Ägypten würden atomisierte Worte rasen und sich neu vermischen.

Auf der Titelseite war das Foto des zairischen Präsidenten Mobutu. Ich schaute lange sein Hemd an, das sich vordrängte und Mobutu verschwinden ließ. Das Hemd war dunkel mit einem hellen Apfelmuster, und die Stengel der vielen Äpfel zeigten siegesreich nach oben, aber jene am Kragen liefen zusammen und zeigten alle auf Mobutus Adamsapfel. Unter dem Foto stand geschrieben, die Rebellen rückten nach Kinshasa vor, um Mobutu zu stürzen.

Mein zehnjähriger Sohn wachte auf, und ich zeigte ihm einen Knaben in der Zeitung mit einem Mehlsack über der Schulter und sagte, dies sei ein Albaner, der, weil hungrig, gerade einen Laden geplündert habe. Die dunklen Locken meines Sohnes standen noch vom Schlaf empor, und schon malte er sich aufgeregt Raubzüge in unserem Quartier aus, berechnete, wie lange uns im Falle eines Bürgerkrieges die Vorräte reichen würden, aß im Geiste zuerst Brot mit Butter auf, dann Reis und Kartoffeln und Nudeln und zuletzt seine Bonbonsammlung vom Fasnachtsumzug.

Unterwegs in die Stadt, warf er Flaschen in den Entsorgungscontainer und ließ die leere Plastiktüte fallen, die, gefüllt von der Frühlingsluft, schwebte. Wir schauten beide ihrem gemächlichen Flug zu, und ich überlegte, ob ich ihn auffordern sollte, sie aufzuheben, aber eine plötzliche Trägheit ließ mich untätig bleiben. Da stellte sich ein kleingewachsener Mann mit blauer Schildmütze vor uns hin, zückte ein Kärtchen mit dem Aufdruck »Sicherheitsdienst« und fragte, ob wir das ungehinderte Tütenschweben richtig fänden. Ich sagte, die Stadtverwaltung hätte unterlassen, einen Papierkorb neben dem Glascontainer aufzustellen, worauf der Mann auf einen grünen Hundekotbehälter hinwies. Ich wunderte mich, daß es erlaubt sei, gewöhnliche Tüten mit Hundekot zu vermischen, er nickte: »Doch«, verlangte eine Personalienüberprüfung, füllte ein Formular aus und versicherte, dieses Vergehen ziehe keine Buße nach sich, und wünschte uns einen schönen Tag.

Im Quartierbioladen kauften wir ein Biobrot und zwei Bioäpfel, und als wir herauskamen, wollte mein Sohn den Kassenbon wegwerfen, fragte aber, ob überall Wächter versteckt seien. Nebenan im Laden mit Rap-Musik wählte er eine gelbe Jacke mit vielen Reißverschlüssen aus, und ich bezahlte gespielt zerstreut, als hätte ich den hohen Preis nicht gesehen. Er beobachtete mich angespannt mit halboffenem Mund, und als er ihn schloß, klebte dieser an meinen Lippen.

In der Bäckerei eines Supermarktes beschimpfte eine Frau im breiten Basler Dialekt die Kassiererin, und ich bekam einen Anfall von Sprachneurose, der sich als diffuser physischer Schmerz manifestiert. Vergebens versuchte ich mein intaktes Gehör mit Willen von innen zu schädigen, während ich zwei Kuchen auswählte, einen grünen und einen roten, und dann eilten wir auf den Fahrrädern davon.

Wir fuhren an acht neugepflanzten Bäumen vorbei, die in regelmäßigen Abständen entlang der Straße standen. Vor ihnen lagen ihre toten Artgenossen, dicke Baumstämme noch mit Rinde dran, beidseitig schräg abgesägt. Waren es die getöteten Vorgänger, also eine Erinnerung an die Vergangenheit, eine Art Wiedergutmachung der Stadtgärtnerei, oder sollten die Stämme lediglich die ausgewachsene Zukunft der Sprößlinge andeuten? »Schau, wie ungeheuerlich, wie poetisch«, rief ich aus. Und mein Sohn fragte: »Was bedeutet poetisch?«

Zu Hause schnitten wir die Kuchen an. Mein älterer Sohn wachte gerade auf, und ich bewunderte seinen länglichen Schädel, und als er gegangen war, fiel mir ein, er könnte den Kleinen zum Friseur begleiten. Ich rannte hinaus, rief gedehnt seinen Namen, und da ging an unserem Tor eine Gruppe Männer vorbei, die aus der gegenüberliegenden Moschee gekommen war, und die Männer blickten mich ernst an. Mein kleiner Sohn schüttelte den Kopf: »Wie ich mich für dich schäme.« »Aber nein«, sagte ich, »die Männer schauten mich nicht an, weil sie mein Benehmen unpassend finden, sie erkannten in mir ihre Frauen und Mütter wieder, denn in ihren Ländern rufen Mütter laut nach ihren Söhnen.«

Ich trug Creme auf die Wangen auf und rötete den Mund und beschloß, meinen Alltag zu beschreiben.

Da kam der Cheflektor aus Deutschland angereist. Ich goß den Tee in einen Plastikbehälter ein, weil ich die Teekanne am Vortag hatte fallen lassen. Aus dem Plastikbehälter goß ich den Tee in zwei gläserne Dessertschüsseln auf Stengeln ein. Ich verschüttete ihn, denn ich werde linkisch, wenn Gäste kommen und ich meine, eine andere sein zu müssen. Die Dinge wissen es und entfremden sich mir. Wenn ich mit den Kindern Tee trinke, gehören auch die Dinge zur Familie.

Ich bot dem Cheflektor das letzte Stück Kuchen an und las ihm das Vorwort zum neuen Buch vor und bekam rote Wangen und der Cheflektor blasse. Dann sagte ich beschämt, ich lege die Wörter nicht mehr wie Ziegeln aufeinander und nebeneinander, sondern das Schreiben überkommt mich, und ich werde haltlos darin. Der Cheflektor nannte es eine Begegnung mit dem sich ausgießenden Selbst, und als er ging, nieselte es, und im Nieselregen dankte er mir für das Vertrauen.

Ein Fax, adressiert an Bill Clinton, mit dem Wappen des liegenden Wolfs und dem Stempel »Parlament der Tschetschenischen Republik Itschkeria« traf ein. Das russische Wort *tschest*, Ehre, kam im Brief zweimal vor, es umschloß die Zahl 100 000, eine Schätzungsziffer der Toten. Und ich fragte mich, ob Bill Clinton das ungewöhnliche Wort »Ehre« bemerken würde, schob ein Huhn in den Backofen, schälte die Kartoffeln und übersetzte auf dem Küchentisch den Brief ins Englische.

Schon näherte sich das aufregende Geräusch von metallenen Briefkästen, wenn diese vom Briefträger auf- und zugeklappt werden. Meine Post bestand aus drei Spendenaufrufen, einer fing so an: »Wir retten Leben am anderen Ende der Welt.« Im anderen Brief wurde der Flüchtlingstag mit einer Fotomontage angekündigt. Sie zeigte eine Röhre und einen Afrikaner. Seine Augen blickten verschwommen ins Nichts, als wäre es ein blinder Afrikaner. Die Röhre war aus glattem, grauem Metall, eine sich drehende Scheibe, die den Kopf des Mannes von seinem Körper absägte, so daß der Kopf in Europa ankam, während der Körper in Afrika zurückblieb. Der Kopf lachte trotzdem, wohl aus Gewohnheit, aus einer afrikanischen Konvention heraus.

Der Redakteur eines slowakischen Radiosenders rief an, machte mit mir ein politisches Interview in meiner intimsten Sprache, in der ich meinem Sohn Märchen vorlese und mich mit meiner Freundin in Bratislava über die Liebe unterhalte.

Ich überschlug mich am Telephon in dieser Sprache, raste in ihr, um die tausend Kilometer zu überbrücken, die mich seit bald drei Jahrzehnten von ihr trennen, in Angst, der Redakteur könnte das Gekeuche hinter meiner Muttersprache her bemerken und ich würde die Nationalitätenprüfung nicht bestehen.

Mein kleiner Sohn kam kurzgeschoren zurück. Ich streichelte seinen hart gewordenen Kopf und fragte: »Was hast du bloß getan?« Er erschrak: »Liebst du mich nicht mehr ohne Locken?« Ich versicherte, ich würde ihn auch ohne Gesicht lieben, falls es ihm der sibirische Bär fressen würde. Er kennt die Geschichte vom sibirischen Bären, der einem Förster das Gesicht leergefressen hat. Eine Filmerin hatte sie mir erzählt, und ich riet ihr, in ihrem Dokumentarfilm über das ausgefressene Gesicht dieses ja nicht zu filmen, um es dem Förster nicht ein zweites Mal zu stehlen. Nun, das gehe nicht, meinte sie, das nicht vorhandene Gesicht habe sie schon gefilmt. An seiner Stelle werde in Bern kostenlos ein neues implantiert, und bald werde das westliche Gesicht des Ostlers zurückkehren an den Ort seines Verlustes, im Kameravisier der Filmerin, die hinzufügte, der sibirische Förster erinnere sich an das Geräusch, mit dem der Bär an seinem Fleisch gekaut habe. Sie staunte daß er im Gottesglauben sein Schicksal annehme, und sie fragte mich, ob das eine slawische Eigenschaft sei.

Schon hörte ich die Mittagsglocken der protestantischen Kirche läuten und rief einen Mann an, der um diese Stunde keine Sitzung hat und dem ich gerne in der deutschen Sprache von mir erzähle. Wie gewohnt beendete er das Gespräch mit einer liebevollen Entschuldigung und faxte mir daraufhin das Wort »Inkongruenz« mit dem angehängten Zusatz »von unseren Leben«.

Ich erinnerte mich an einen Artikel über die Entdeckung der neuen Milchstraße in einer Gegend, wo es nur negative Partikeln gegeben haben soll. Ich durchsuchte alte Zeitungen, wollte genau wissen, wie sich die negativen Partikeln mit den positiven getroffen hatten, ob es zur Explosion gekommen war, und ob Materie auch sanfter entstehen könne.

Ich fand den Artikel nicht, dafür einen anderen über das Teilchen Sonnen-Neutrino, das ich mir als einen schlaksigen italienischen Luftikus mit pomadiertem Haar vorstellte. Und jenes Neutrino, fand man heraus, besitze Materie, und früher habe man angenommen, es sei besitzlos, weil sein Besitz unsichtbar sei, aber nun wisse man, es sei doch ein Besitz. Und daraus folge, daß über 90 Prozent des vermeintlichen Nichts doch etwas sei. Ich überlegte, ob es mich beglückt, daß es so wenig Nichts geben solle, dafür soviel Materie.

Ich kochte einen roten Früchtetee, trank ihn und las in einer Zeitungsnotiz »Neues Leben durch Feuer und Rauch«, daß amerikanische Forscher Pflanzen gefunden hätten, die unbedingt brennen müssen, bevor sie keimen.

Ich setzte mich mit einem Haufen weißer Socken aufs Sofa und fing an, sie zu paaren, legte sie nebeneinander wie Bräute und suchte ihre Partner nach der größtmöglichen Ähnlichkeit aus. Es geht aber nie auf, nach jedem Waschgang bleiben ein paar Socken paarlos, und ich paare sie vorübergehend mit ungleichen Partnern, und wenn der alte Partner wieder auftaucht, löse ich die neue Verbindung zugunsten der alten auf, doch immer bleibt irgendeine Socke ungebunden, ich werfe sie nicht weg in der Hoffnung, ihr Partner werde zurückkehren. Wie ich so unbekümmert das Schicksal der Socken mitlenkte, bekam ich ein schlechtes Gewissen und verstand die verlorenen Socken, die sich der Zweisamkeit durch Flucht entzogen hatten.

Und da klopfte unser Hausbesitzer an die Tür und fragte, was all die Kabel am Boden im Wohnzimmer sollen. Ich erwiderte, ich verstehe auch nicht, warum sich Telephon- und Faxleitungen mit Lampenkabeln ineinander verweben, ich zwinge ihnen nichts auf, und je mehr sie sich selbst überlassen sind, um so verworrener werden sie. Er fragte noch, ob alle Sicherungen in Ordnung sind, und ich meinte, es gibt eine, bei der ich der Ansicht bin, sie funktioniere, aber der Elektriker bestreitet es. Nun wunderte sich der Hausbesitzer, daß man über die Funktionstüchtigkeit einer Sicherung verschiedener Ansicht sein kann, ich aber gab zu bedenken, daß er, bevor er Hausbesitzer wurde, Dichter war.

Da rief jemand aus dem Berner Oberland an, der mich auf slowakisch fragte, wie ich es mit unserer Ostersitte halte, nach der die slowakischen Männer und Knaben am Ostermontag das Recht und die Pflicht haben, die Slowakinnen mit Wasser und Parfüm zu begießen und leicht mit der Rute zu schlagen, wofür sie von den Begossenen und sanft Berührten mit Eiern und Schnaps beschenkt werden. Der Landsmann sagte betrübt, die Schweizerinnen fänden diese Folklore barbarisch. Oh nein, beruhigte ich ihn, unsere Sitte sei keineswegs barbarisch, sondern ein großartiger Flirt, und ob er denn nicht bemerkt hätte, der Schweizer Flirt verlaufe anders. Wie, fragte er. Oh, das wisse ich auch nicht, sagte ich und hängte auf, weil das Huhn anbrannte.

Mein älterer Sohn kam zurück, wir aßen Huhn mit Kartoffeln, und er erzählte, daß in einer Schweizer Kleinstadt Demonstranten gegen die Schließung einer Brauerei protestiert hätten, indem sie tausend Ballons mit tausend Streichhölzern zum Platzen brachten. Ich stellte mir das pingelige Morden vor, das Aufblasen der Ballons und den prallen Drang wegzufliegen, die Hand, die die Ballons an der Schnur zurückhält, und das Streichholz, das sich ihnen nähert, und das verkniffene Demonstrantengesicht, entschlossen, keinen Ballon aus Versehen freizulassen, und so geht das den ganzen sonnigen Samstag lang, aber inmitten des massenhaften Abschlachtens dreht wohl einer durch, zerquetscht ein paar Ballons, stampft auf ihrer welken, farbigen Haut herum. Und da wollte ich auf einmal verreisen, in irgendeine

Großstadt, und verließ die Küche, ging ins Zimmer und schrieb.

Ich entdeckte, daß das Schreiben über den Alltag meine ureigenste Schreibform sei, dem Lebensentwurf einer Eintagsfliege entspreche, die nur diesen einen Tag lebe, und falls sie den nächsten auch lebe, sei es wiederum nur ein Tag. Endlich sehe die Fliege sich selbst mit ihren Facettenaugen, und ich bekannte mich dazu, eine Realistin zu sein, die sich nichts ausdenken kann, bloß das Geschehene vom Boden leicht anhebt, damit es sich verschiebt. Und ich schrieb und war zerstreut und wach zugleich, arbeitete fieberhaft und in Muße, und dieses Schreiben war ein Sein. Und ich schwor, nie mehr etwas anderes zu tun als diesen einen Tag zu beschreiben. Da fiel mir ein, die Eintagsfliege kann für den nächsten Tag nichts beschließen.

Aus München rief ein krimtatarischer Künstler an, erzählte auf russisch, er habe die Werke eines Malers gesehen, der den Wind male, und jene Kunst sei wie die unsere, denn wir arbeiteten ebenfalls mit dem Nichts.

Mein kleiner Sohn eilte zum Begräbnis der Frau seines Lehrers im violetten T-Shirt, und ich machte ihn darauf aufmerksam, daß die Farbe des christlichen Todes schwarz sei. Das gefiel ihm, und er fand es richtig, daß der Mensch nicht wisse, was die Seele nach dem Tod tue, denn so strenge sich der Mensch an, und einmal in fünf Jahren schicke ihm Gott einen neuen Gedanken zum Thema Jenseits, aber ja nicht zwei. Und er fragte mich, wann ich sterben werde, und fand das Begräbnis eine gute Übung für später.

Ich rief eine japanische Schriftstellerin an, die auch eine deutsche Schriftstellerin ist, und sie sagte mit einer hohen metallenen Stimme, daß japanische Sätze auch ohne Subjekt auskämen, man könne sich im Japanischen von dem Ich lösen und solch einen Satz bilden: »In bezug auf die Schule wird diese von mir begangen.« Und ich rang auf einmal nach Atem, fühlte mich betrogen, daß mir all die Kulturen, in denen ich mich niederließ, Schutzräume für das Ich vorenthalten hatten, daß ich in ihnen lebte ohne die Kenntnis einer Sprache, in der sich das Ich verstecken darf, und niemand beanstandet es. Man könne womöglich in dieser Sprache Karriere machen, eine Familie gründen, ausgehen und Freunde haben, ein ganzes Leben verbringen, ohne dabei das Ich zu füttern und es wie ein zu groß geratenes Kind täglich in subjektbetonten Sätzen auszuführen.

Ich war aufgewühlt, schaute aus dem Fenster und sah in der Baumkrone einen jungen Mann stehen, der mit glänzender Schere an den Ästen schnippelte, und ich bekam Lust hinauszugehen.

Das Telephon läutete, eine schale Frauenstimme bot mir eine Lesung an einem Ort an, den ich sogleich vergaß. Auch den Namen der Frau und das Datum der Lesung vergaß ich, nur die Höhe des Honorars behielt ich. Da hatte ich den Einfall, die Langweile als Motor zum Geldverdienen einzusetzen, denn wenn ich meine Worte aus Leidenschaft verkaufe, vergesse ich wiederum ihren Preis. Auf die Leidenschaft verzichten wollte ich aber doch nicht, und so überlegte ich, ob sich Leidenschaft und Wort und Geld miteinander verbinden ließen. Ich dachte lange an das Geld und fand heraus, daß dieses der Geschmeidigkeit des Wortes, auch seines Zaubers und des Reichtums entbehrte, und Gedanken über das Geld gefielen mir besser als es selbst.

Da kam ein Afrikaner, der gerade aus Westafrika gekommen war, und wir setzten uns auf die Veranda, die von einer Ranke umschlungen ist, so daß wir dort wie im Bauch eines grünen Fisches saßen. Ich goß dem Afrikaner einen grünen slowakischen Pflanzenlikör ein, und er las einen englischen Brief aus Hongkong vor, den ich ins Französische übertrug. Wir unterhielten uns über französische und englische Wörter für Verpackung und Früchte. Der Afrikaner lobte die Ananas aus Guinea, *quel goût, quelle couleur*, lobte die fruchtbare Erde, lobte die großen Männer in Guinea, die sich aufs Beten verstünden. Ob sie zur Erde beteten, fragte ich. Zur Erde und zum Himmel, damit es regne, sagte er, und es regne dann und die Ananas gedeihe. Er wolle die Ananas mit chinesischer Hilfe in Schachteln verpacken und sie nach Europa bringen, aber nicht ums Geschäft gehe es ihm, sondern um *noblesse* und darum, *l' homme* zu sein.

Da kam meine österreichische Freundin, und wir gingen wie gewohnt ins nahe Schwimmbad. Wir standen unter der heißen Dusche, und ich sah im Spalt eines weißen Plastikvorhangs den Ausschnitt eines zierlichen flachen Hintern einer Asiatin, dann eine Seitenansicht ihrer kleinen Brust, darauf tauchte die Schulter mit einem roten Muttermahl in der Form eines Drachen auf. Dann schwammen wir nebeneinander, und ich dachte an das Wort »Inkongruenz«, begann zu weinen und fand heraus, daß von allen Arten des Weinens die angenehmste und diskreteste jene im Wasser sei. Aber das Wort »Inkongruenz« ließ sich nicht aufweichen, es stieß das Wasser ab, vielleicht, weil ich nicht weiß, was es genau bedeutet, und auch im Duden nicht nachschauen will.

Als ein dunkelhäutiger Schwimmer kam, sagte ich ihm in einer Mischung aus Italienisch und Deutsch, unser letztes Schwimmbadgespräch habe mir klargemacht, daß ich früher die Haut mit der Innenwelt verwechselt habe; ich habe nämlich gemeint, die schwarze Haut in Europa sei eine radikale innere Fremdheit, und das habe mir besser gefallen als sich weiß zu tarnen. Der Schwimmer lachte und meinte, in der Tat, die dunkle Haut und die innere Fremdheit seien zwei verschiedene Sachen und es sei ein Trugschluß zu meinen, sie seien identisch, obwohl sie in Europa oft zusammenfielen. Er schlug mir einen Schwimmwettbewerb vor und gewann in drei Stilen, ich dafür im Rückenschwimmen.

Auf dem Rückweg raste ich mit dem Fahrrad durch den Park, und eine Passantin stellte sich mir in den Weg, Arme ausgebreitet: »Fahrverbot«. Gewöhnlich fahre ich wortlos um solche Hindernisse herum übers Gras, aber diesmal stieg ich ab. Mein Anhalten war keine Erniedrigung, es war mein eigenster Wille, der genau mit dem Willen der Passantin zusammenfiel. Ich führte diese sanfte Koinzidenz auf mein neues akribisches Schreiben zurück und schob das Fahrrad weiter den Hügel hoch, auf dem ich einen Basler Bekannten traf, der behauptete, der sozialistische Realismus sei kein Realismus gewesen.

Da sah ich zwei Schweine die Straße überqueren. Das eine Schwein hatte das Profil eines überdimensionalen Igels und einen grauen Körper mit dunklen Flecken. Ich rief aus: »Schweine!« Der Bekannte sagte ruhig, ohne sich umzudrehen: »Das sind die Haustiere unserer Nachbarin, der Frau Doktor. Sie geht täglich mit ihnen spazieren, erforscht und liebt sie. Siehst du, so was findest du in Zürich nicht.«

Auf dem Weg fragte mich ein Mann mit einer fein geschnittenen Adlernase und ein paar Zahnlücken in französischer Sprache nach dem Museum. Statt hinzugehen, lud er mich zu einem Glas Rotwein ein und erzählte, er sei ein Nomade aus der Sahara gewesen und nun sei er ein Nomade in Europa. Er roch nach Wein und Zigaretten und sah seinen Vater und seine Mutter und all seine Brüder und Schwestern samt der Sahara in meinen Augen. Ich dankte ihm, daß er gleich soviel Platz in meinen Augen gefunden hatte, und verabschiedete mich.

Ich fuhr am Gefängnis vorbei, blickte hinauf zu den Fenstern, sah die helle Silhouette eines Mannes, winkte ihm, und er streckte beide Arme durch das Gitter, kreiste mit ihnen in großen Bögen, und ich fuhr langsam und hörte nicht auf zu winken und ihn anzuschauen, und er hörte nicht auf, seine Kreise zu ziehen, und unsere Liebe war frei, da die Stacheldrahtballen sich auf der Mauer stauten und an der Ecke einen dornigen Busch bildeten.

Ich fuhr aufgeregt und behutsam über rosa Blüten, die von den Kastanienbäumen entlang des Gefängnisses abgefallen waren, als führe ich über etwas Wertvolles, denn noch hatten sie die Straßenfeger nicht entdeckt und noch dufteten die Blüten.

Zu Hause kochte ich eine ungarische Wurst, die ich wegen des Ungarischen meiner Großmutter gekauft hatte. Ich aß die rote Wurst mit weißen Fettbrocken zu einer Scheibe trockenen Biobrotes und dachte, daß diese nicht zueinandergehörenden Speisen in meinem Mund zusammenfinden.

Da besuchte mich meine Bündner Freundin, die soeben aus Deutschland gekommen war, und erzählte, in jenem Land seien Frauen entweder vernünftig oder genießerisch und die weibliche Kreuzung zwischen Sinnlichkeit und Intellektualität gebe es dort selten, und daher fürchte sich der deutsche Mann vor solch einer Mulattin. Ich fragte, ob das wirklich stimme, und da stellte unser Nachbar gerade einen Spiegel auf die Straße, und meine Bündner Freundin nahm und schenkte ihn mir. Ich stellte den Spiegel in den Keller und trug nasse Wäsche hinauf und hängte sie auf der Veranda auf, als es gerade zu stürmen anfing. Ich stand eine Weile dort, leicht und durchsichtig, im Durchzug aller Dinge, die mich passierten, ohne sich in mir niederzulassen, und trotzdem gab es mich.

Dann legte ich mich ins Bett und schrieb. Ich war mit dem Schreiben weit hinter dem Erlebten zurück. Jede Einzelheit wollte ich ausloten, tiefer hinabsteigen wie ins Bild eines Malers, der seine eigene Hand mit Pinsel malt, die ein Bild der Hand mit Pinsel malt, die wiederum die Hand malt und so weiter, immer kleiner bis ins Unendliche.

Da kamen die Kinder mit ihren Freunden und ergossen sich von einem Raum in den anderen, denn hier schließen die Türen nicht, und ich schrieb inmitten ihrer Schritte und Geräusche, als wäre ich bloß ein Teil des Raumes, und ich bin es auch. Dann schnitt ich Orangen und Kiwi in eine große blaue Glasschüssel, meine Hände brannten unter dem

Saft, und ich trug die Schüssel zu den Kindern, wobei ich auf einen anmutig feierlichen Gang achtete.

Ich eilte zum Stadtrand, betrat eine Kellerwohnung, die mit dicken Teppichen und Kissen ausgelegt war. Schweizer Musliminnen saßen entlang der Wände, ich setzte mich vor sie und erzählte von meinen Begegnungen mit tschetschenischen Frauen. In meinen Worten waren Frauen, vor mir auf Kissen saßen Frauen, und wir waren weich wie Gänsefedern, auf denen wir saßen, tief in die Erde eingedrückt, und unsere Stimmen ertönten leise, aber wir verstanden sie. Und eine Schweizer Muslimin fragte mich mit geröteten Augen, wie ich es mit dem Islam halte, und ich sah, sie liebte den Islam mit der Kraft weinender Augen.

Abends ging ich mit einem ukrainischen Musiker ins Kino. Wir schauten uns einen Film über die Freundschaft eines tschechischen Musikers zu einem russischen Knaben an, und wie jene wuchs, so vermischten sich das Tschechische mit dem Russischen und das Russische mit dem Tschechischen zu einem slawischen Kauderwelsch aus Wörtern beider Sprachen. Und auch die Melodie des Russischen, die ungezwungen beliebige Silben betont, vermischte sich mit der Melodie des Tschechischen, die in der Betonung der ersten Silbe ihre Geborgenheit findet. Als wir aus dem Kino herauskamen, sagte ich zum ukrainischen Freund auf russisch mit slowakischem Akzent, die Liebe sei ein Kauderwelsch, sonst sei sie keine. Es regnete stark, und er stülpte seinen gelben Regenschutz über mich, zog mir die spitze Kapuze über den Kopf und aus den Seitenöffnungen die Arme heraus, unter dem Kinn schnürte er mich fest zu einer gelben Larve, die, je weniger sie sich rührte, um so inniger berührt war.

Ich kam nach Hause, als mein kleiner Sohn gerade lehmig vom Fußballspielen eintraf. Er legte sich in die Badewanne, bewunderte seinen Körper, diese an allen Stellen sich öffnende und hart werdende Männlichkeit, entdeckte zwei

Haare in der Achselhöhle und trocknete sich fest mit einem blauen Handtuch ab, unter dem sich die Haut in graublauen Röllchen schälte. Er schrie, das Handtuch nehme ihm seinen Körper weg, aber ich sagte, das sei nicht das Handtuch, sondern der Frühling, und der gebe ihm dafür einen neuen.

Es war schon dunkel, ich setzte mich mit beiden Söhnen vor das Fernsehgerät, wir aßen heißen Milchreis mit Zimt und Zucker und schauten den Film »Mikrokosmos« an. Dort rollte ein Käfer beharrlich eine Lehmkugel vor sich her, eine Mücke trug ein weißes Brautgewand und verrenkte ballerinenartig ihre Beinchen, zwei Käfer kämpften ritterlich miteinander, eine Spinne schaute eindringlich einen Grashüpfer an, der dann in ihre Netze sprang, worauf sie ihn umgarnte, bis er im weißen gehäkelten Sarg unbeweglich hängenblieb, zwei Schnecken drückten sich feucht aneinander, und keine wich vor der anderen zurück, Tausendfüßler zogen in einer Prozession über ausgetrockneten Boden, formierten sich zu einem geheimnisvollen Rechteck, als beteten sie zum Regengott. Als endlich ein Regentropfen auf einen Marienkäfer fiel und ihn vom Blatt warf, stießen wir Schmerzensschreie aus.

Zum Einschlafen las ich meinem kleinen Sohn auf slowakisch eine jüdische Legende über Engel vor, die sich in die Töchter der Erde verliebt und sie trotz der Warnung Gottes geheiratet hatten. Sie bauten ihnen die schönsten und größten Häuser, aber aus der ungleichen Verbindung zwischen Engel und Mensch wurden Ungeheuer geboren, die die Erde verwüsteten und die Menschheit ausrotteten. Ein verwitweter Engel überlebte, blieb hängen, mit dem Kopf nach unten, zwischen Himmel und kaputter Erde, wie der gefallene Engel von Marc Chagall, den ich kürzlich im Warenhaus als Poster gesehen hatte, für nur 9.90 Fr., mich dabei fragte, ob Chagall und sein roter Engel, den er 25 Jahre lang gemalt hatte, sich im Warenhaus hängend wirklicher denn je vorkämen, und ob der Engel von jenem freien und qualvollen

Hängen mit dem Kopf nach unten einen roten Kopf bekomme.

Und ich beschloß, bei der Lesung mein langes rotes Kleid zu tragen, das einen kunstvoll geschneiderten Riß hat.

Mein kleiner Sohn fragte mich, ob es einen Menschen auf der Welt gebe, den niemand liebt. Ich erzählte ihm von einem russischen Gefangenen, dem seit dreißig Jahren niemand geschrieben hat und der dessen verdrießlich wurde und ans Moskauer Gefangenenhilfszentrum geschrieben hatte. Daraufhin erhielt er einen Brief und ein Päckchen mit Tabak und Schokolade. Und mein Sohn fragte, ob Lebende Tote lieben können. Aber natürlich, sagte ich. Und er wollte wissen, ob auch Tote Lebende lieben können. Oh ja, meinte ich, die können es wohl am besten. Und mein kleiner Sohn lachte: »Also gibt es doch niemanden auf der Welt, den niemand liebt.«

Und da verkündete mein älterer Sohn die Ankunft des Kometen. Wir rannten hinaus auf die Straße und fanden den Kometen über der Moschee hängen. Sofort habe ich ihn wahnsinnig geliebt, seine runde Form, sein wehendes Haar, daß er so selbstverständlich und groß gekommen war, und ich schrieb bis Mitternacht diese Zeilen nieder und sah ihn dabei vor mir. Als ich die Augen schloß, verschmolz der Komet mit jenem schwarzen Käfer, der die Lehmkugel rollt.

In jener Nacht träumte ich, ich sitze auf einem Buch und fahre darauf neben einem Freund, der auf dem Fahrrad fährt und mich fragt, wie ich es mache, und da halte ich an, springe ab, ziehe unter dem Buch einen faustgroßen Stein hervor, einen runden, ungeschliffenen, einen gewöhnlichen Stein, und sage: »Der Stein fährt mich.«

FREMDFIRMA
Interkulturelle Antiberatung

2000

Was vermögen wir schon, außer zu fremden. So haben wir uns selbständig gemacht und eine Fremdfirma gegründet. Unsere Werbestrategie lautet:

Wir bieten Ihnen das Fremde an. Unsere Fremdfirma produziert keine fremden Waren. Das Fremde bleibt fremd. Es fremdet, wenn Sie kommen. Es wird mit Ihnen nicht fremd gehen.

Wir sind ein mobiles Reisebüro. Wir stehen für Sie still da, wenn Sie rennen.

Wir sind ein fernes Touristenland mit Sonne und Sand in Ihrem Getriebe. Wir sind zu seriös, um Ihnen eine Fremdgarantie auf Hochglanzpapier in die Hand zu drücken.

Die Fremdberatung liegt auf der Welle. Wir ernähren uns von ihrer Gischt. Wir schäumen.

Wir stopfen Sie nicht mit Prospekten über fremde Sitten voll. Wir entstopfen Sie auch nicht, damit Sie fließen. Sie sollen sich nicht über fremde Länder ausgießen.

Wir erklären Ihnen nicht das Fremde. Wir klären das Eigene, das, was Sie meinen zu kennen. Mit unserem fremden Akzent trüben wir es.

Seien Sie fremd mit uns! Lehren Sie uns das Fremde!

Wir sind ein Nobelhotel am Multi-Kulti-Strand. Buchen Sie uns. Wir sind längst belegt.

Unser Fremdsein ist unsere Heimat. Sie ist gastfreundlich. Wir füttern darin Ihre Angst vor dem Fremden. Kommen Sie umgehängt mit ihr wie mit einem Mantel. Legen Sie ihn im Vorzimmer nicht ab. Es ist kalt bei uns. Wir arbeiten ohne Couch. Setzen Sie sich zwischen Stuhl und Bank! Essen Sie! Essen Sie doch! Genieren Sie sich nicht! Nehmen Sie noch einen! Sie werden uns doch nicht beleidigen! Wir machen Ihre Fremdenangst dick, damit Sie sich dehnen und platzen.

Rücken Sie näher. Treten Sie, bitte, zurück.

Wir bilden nicht Ihre Persönlichkeit heran, indem Sie sich am Fremden reiben. Geben Sie Ihre Persönlichkeitssuche auf, bevor Sie uns anrufen. Seien Sie, bitte, kein Individuum. Wir führen Sie nicht in fremde Kollektivseelen ein, damit Sie Ihre Individualität darin auflösen.

Sie möchten sich das Fremde aneignen. Wir zeigen Ihnen, wie man es anstellt, damit es nicht geht. Machen Sie es sich nicht zu einfach. Wir haben es schwer mit Ihnen.

Wußten Sie, daß die Begegnung mit einer fremden Kultur schädigt? Wir sind geschädigt und schädigend. Treten Sie in Kontakt mit uns. Es ist zu spät, um es zu vermeiden. Wir bieten die interkulturelle Konfrontation an. Wir brauchen sie nicht anzubieten. Sie ist schon da. Wir sind schon da. Im selben Boot mit Ihnen. Wir haben kein Boot. Wir zimmern keine fahrenden Särge. Wir schwimmen.

Wir gehen mit Ihnen spazieren. Wir haben so viele Worte, wie viele Schritte wir mit Ihnen einhergehen. Wir verstummen gemeinsam mit Ihnen. Wir sind keine Urschreigruppe.

Sie haben genug geschrien, bei jedem Schluck eines Vorurteils über die Fremde, den Sie genossen haben.

Wir hypnotisieren Sie nicht. Sie waren die ganze Zeit unter fremder Hypnose. Wir erwecken Sie nicht. Sie werden mit uns nicht in der Luft schweben. Bleiben Sie auf dem Boden, Ihrem eigenen, der Ihnen abhanden gekommen ist. Die Fremdinnen kommen zu Ihnen.

Glauben Sie nicht unseren fremden Worten und Fremdwörtern. Je fremder wir Ihnen sind, um so näher werden Sie sich selbst.

Wir sind zerschossene Spiegel in Friedenszeiten. Wir sind Ihre eigene Zukunft. Scheuen Sie sich davor, Ihre eigene Zukunft zu erfahren. Wir sind so unheilvoll, daß wir nicht einmal Ihr Heiland sind.

Die Fremdfirma ist das, was wir haben. Ein Einziges. Sie springt in die Marktlücke. Sie ist auf dem Weg über Durchlöcherungen bis zur Lücke ganz geworden. Ganzer könnte sie gar nicht mehr sein. Ganz durchlöchert. Auch Sie passen hinein.

Tragen Sie Raum in sich, öffnen wir Ihnen unsere weiten geruchlosen Räume der Fremde, tragen Sie Enge, ersticken wir Sie mit unserer fremdartigen Liebe.

Wir investieren alles in die Firma. Dank Ihnen machen wir Konkurs. Damit wir uns endlich umbenennen. Dann finden Sie uns nicht mehr. Wir helfen Ihnen bei Ihrer vergeblichen Suche nach uns.

Wir unterhalten Sie nicht. Wir unterwandern Sie nicht. Wir leisten Ihnen keinen Widerstand. Wir regen Sie nicht an und nicht auf. Wir sind nicht dunkel genug, um Sie zu erleuchten.

Wir sind das, was Sie auf Ihrer Suche nach der Fremde nicht suchen, aber sicher finden. Sicher verlieren Sie es wieder. Wir werden alles dafür tun.

Sie suchen das fremde Land in Ihrer eigenen Entfremdung. In Ihrem Riß. Wir fügen Sie dort zusammen, wo Sie noch nicht zerrissen sind. Dort zerreißen wir Sie, nachdem wir Sie geleimt hatten.

Wir bereisen mit Ihnen die Länder Ihrer Illusionen. Wir tragen Sie nicht dorthin auf unseren Schultern. Wir sind nicht muskulös. Wir sind das große Wasser, über das Sie mit uns gehen werden.

Wir trennen nicht fremd von fremd wie Aschenbrödel. Wir werden Sie von uns abtrennen, um Sie mit uns zu vermischen. So werden Sie sich gemeinsam mit uns fremd.

Wenn Sie reich sind und gewohnt, alles zu kaufen, nehmen wir kein Honorar von Ihnen. Wenn Sie arm sind und meinen, bei uns damit Mitleid zu erwecken, dann leisten wir uns Ihre Armut.

Rufen Sie uns an. Pip, pip, piiiiiip... Wahrscheinlich sind wir gerade besetzt. Auf Draht mit jemandem, der nicht wichtiger ist als Sie. Sie sind nichts Besonderes. Sie sind uns nicht fremd.

Sie greifen nach dem Fremden. Sie greifen ins Leere. Wir sind in der Leere. Die Leere ist nicht leer.

Wir retten Sie nicht. Wir reanimieren Sie nicht in der interkulturellen Mund-zu-Mund-Beatmung. Wir erleichtern Ihnen nicht die Fremdintegration. Wir sind kein Hilfswerk. Wir sind ein Fremdwerk.

Wir sind Fährfrauen. Wir führen Sie über Schwellen, durch Niemandsländer, in denen sich Geister eingenistet haben. Wir kennen das Zauberwort. Damit bauen wir Hängebrücken über feuchte Kontinentspalten, um mit Ihnen darüber zu wanken. Wir verbrennen die Brücken, um zurückzufliegen.

Wir sind nicht geistreich, wenn Sie gelangweilt sind. Wir langweilen uns nicht, wenn Sie mit uns geistreich werden. Wir haben ein Herz.

Der Kreis unserer Begegnung wird sich nicht schließen. Wozu sollten wir ihn auch schließen, wenn Sie schon zu sind? Wir sind der Durchzug, der Sie durchweht. Auch ohne uns.

Wir hüten das Fremde. Wir verraten Ihnen, wo es begraben ist. Wir graben mit Ihnen danach. Wir finden es gemeinsam nie. Ohne uns finden Sie es. Aber es ist schon ausgeraubt.

Wir lassen stets das Wesentliche aus. Wir kreisen es nicht ein. Weil wir es lieben. Weil wir schamvoll sind.

Wir führen Sie nicht an der Hand. Wir halten Sie nicht in unserer Faust. Nicht auf unserer Handfläche. Wir sehen Sie unscharf. Wir basteln Sie nicht. Wir lassen Sie dort, wo Sie sind. Wir stehen daneben. Wir sind stets daneben.

Ein Land kann Ihre Neurose heilen, ein anderes kann sie auslösen. Wir verschreiben Länder. Wir kennen die Dosis, die Nebenwirkungen. Wir sind Länderhomöopathinnen.

Wir haben fremde Länder in uns angenommen und sie wieder abgestoßen. Wir sind die vordersten Fremdboten. Die Brieftauben wurden ausgesandt. Wir flattern schon. Der Taubenschlag liegt oben in der Schweiz.

Rufen Sie uns an. Wir nehmen den Hörer noch nicht ab. Wir sind immer noch unterwegs. Auf der Suche nach Versteinerungen, solchen wie Sie. Wir werden Sie nicht entsteinern, nicht entkalken, auch nicht ausstellen.

Wir dolmetschen für Sie. Wir kennen mehrere Wörter für einen und denselben Gegenstand. Aber den Gegenstand kennen wir nicht. Wir pflegen Gespräche darüber.

Wir sind wütend über die zerbrochenen Gegenstände der Welt, über die wir mit Ihnen stolpern. Unsere Liebe gilt den Trümmern. Wir sind noch nicht abgeklärt. Die Kloake durchspült uns.

Wir plagen Sie nicht, denn wir wissen, wie wenig wir ertragen können.

Haben Sie keine Angst vor uns. Wir werden all unsere Vorhaben nicht einlösen. Wir arbeiten gewissenhaft. Wir legen unsere Worte nicht auf ein Bankkonto, wo Sie sie jederzeit abheben können. Wir zahlen flüssig.

Wir finden, daß Worte nicht Geld sind. Unsere Worte sind so etwas wie Schuhe und Handschuhe. Etwa so viel wert. Sie können sie anziehen. Es kann Ihnen davon warm werden, heiß werden. Sie können sie wieder abstreifen. Sie können sie auch verschleißen oder verschenken.

Wir sind so gesammelt verrückt wie die Verrücktheiten all der Kulturen, die wir reflektieren. Wir legen die Reflektionsflächen um uns herum. Wie Solarspeicher. So werden die fremden Verrücktheiten größer und lichter als die heimelig heimlichen der engen Stuben.

Wir schenken Ihnen das, was Sie nicht müssen. Alle müssen, aber wir und Sie müssen nicht. Ist es nicht das, was Sie schon immer mußten?

Wir zeichnen Sie. Nachhaltig. Aber nicht aus.

Wir sind magisch. Wir sind rituell. Wir sind spirituell, damit wir den heiligen Humor nicht verlieren.

Wir schauen Ihnen nicht lange in die Augen. Wir suchen nicht Ihren Blick. Wir sind nicht auf Sie gerichtet. Wo sind Sie eigentlich? Wir haben Sie verloren, damit Sie sich finden, ohne unsere Spuren in Ihnen.

Bereisen Sie nicht fremde Länder. Werden Sie Flüchtling. Wir geben Ihnen Asyl. Wir verhören Sie im Asylheim. Schweigen Sie endlich. Lernen Sie Deutsch!

Sie sind nicht unser Produkt. Wir sind nicht Ihre Marke.

Wir tun nicht etwas. Wir wischen das Tun weg. Das ist unser Firmentun.

Sie haben ein Bild von uns bekommen. Bilder sind gierig. Sie fressen ihre eigenen Schöpfer auf.

Rufen Sie uns an! Wir werden das Bild, das Sie sich von uns gemacht haben, von Ihnen abnehmen.

WO FÄNGT DER OSTEN AN?

1997

Morgens brachen wir in den Osten auf, über Autobahnen, gleich amerikanischen Filmhelden, die nach einem Verbrechen nach Mexiko flüchten. Wir brauchten kein Verbrechen, wir wollten lediglich nach Osten. Der europäische Osten, neues europäisches Mexiko. Die Ostschweiz war es nicht; sie war spitz, ihre Berge waren jung, konkret stürzten sie auf uns ein. Wir rasten dahin, suchten das alte östliche Gesicht, das platt geworden war vor Unbestimmtheit.

Im Westen Österreichs traten die Berge zur Seite, wir fuhren über eine Ebene, und Viktor rief vor Ungeduld: »Die Ukraine fängt an!« Wir stiegen aus, aßen Palatschinken, tranken Wiener Kaffee mit Schlagobers, und als Marie-Claude für sich bezahlen wollte, wirkte ihr Reflex, sich abzusondern, wie ein Frevel. Ich zahlte wortlos für alle. Wir fuhren doch in den Osten. Von nun an zahlte jeder wortlos für alle.

An einer Tankstelle legte ich das Rot meines Kleides ab. Das Rot war kompakt, egozentrisch, mit seinen scharfen Konturen trennte es mich von der Landschaft, von den anderen. Ich zog ein langes dunkelviolettes Kostüm an, und Marie-Claude sagte: »Im Violett siehst du unendlich aus.« In der Ebene döste Marie-Claude ein, ich nannte sie von nun an Ruženka (Dornröschen). Abwechselnd mal schläfrig, mal mit großen Augen fuhr sie in den Osten und sollte erst wieder im Westen aufwachen, geküßt von ihrer eigenen Kultur.

In Österreich war Regen, und es war Sonne, und dazwischen öffnete sich ein Regenbogen, ein hohes Tor. Ich erzählte eine orientalische Legende, nach der eine Frau, die unter dem Regenbogen hindurchgeht, zum Mann wird und ein Mann zur Frau. Wir wollten da hindurch, und wenn es uns gelänge, würde der Westen zum Osten werden und der Osten zum Westen. Wir jagten dem Regenbogen nach, er sprang jedesmal zur Seite, öffnete sich kokett mal gegen den Norden, mal gegen den Süden.

Am späten Nachmittag stiegen wir aus, und da wir uns geographisch nicht fixiert wußten, waren wir nirgendwo, und es gab uns nicht, wir ließen uns gleichgültig vom feinen Regen berieseln. Marie-Claude gab uns Konsistenz: »Wir sind eine Familie.« Sie, eine Schweizer Slawistin, sagte es auf russisch. Unsere Familiensprache war russisch mit deutschen Brocken. Viktor sagte: »Unser Vater ist die Schweiz. Er ist zu Hause geblieben.« Ich ergänzte: »Er ist polygam. Wir haben verschiedene Mütter. Ich führe euch jetzt zu der meinen.«

Im Dunkeln erreichten wir Wien. Ein Tankwart fuhr Viktor grob an. Ich sah in Viktor den Osten, den der Tankwart in ihm sah. Ich stellte mein Deutsch schützend vor ihn. Der Tankwart wurde sanft. Als wir wegfuhren, sagte ich wütend: »Das ist der Wiener Rassismus.« Viktor lachte, er war nur Wonne: »Aber nein, endlich der richtige Umgangston, derb, es ist vorbei mit der süßlichen Höflichkeit, wir nähern uns dem Osten.« Viktor wollte die Nacht durchfahren, bis nach Kiew.

In Bratislava fuhr uns der Wind in die Haare. Ich erkannte ihn wieder, er war stark und warm, bog die duftenden Kiefern vor den Hotelfenstern. »Das ist doch der Süden«, sagte Marie-Claude. Viktor schaute auf den schlichten Hotelzimmertisch, das geometrische Lampendesign der fünfziger Jahre, die Tuschzeichnung eines aufrechten Soldaten und sagte wehmütig: »Das ist doch die Sowjetunion.«

Die Decke der Hotelhalle war neuerdings aus Spiegeln, die Bar aus Metall, der Boden aus poliertem Marmor. Der Westen brach ins ehemalige kommunistische Gewerkschaftshaus als Plattenleger ein. Der stramme Handwerker führte einen Krieger mit. Dieser fletschte die Zähne – so entlarvt Elias Cannetti die Spiegelfassaden der Banken als Machtgehabe. Die Rezeptionsdame hinter dem Metalltisch war gereizt, dann liebenswürdig und wieder gereizt. Die Widersprüchlichkeit vereinte sie in ihrer übergeordneten Intimität. Das Sichgehenlassen im öffentlichen Raum gehörte geradezu zu ihrer öffentlichen Rolle, es wurde noch nicht hinter die Plättchen gebannt. Die Angestellte kannte keine Schutzscheibe der Formalität, sie hatte ihre unverschämte Ganzheit bewahrt.

Am nächsten Morgen fuhren wir am monumentalen Hochhaussilo Petržalka vorbei, Marie-Claude rief aus: »Das ist doch Moskau!« Vor den abbröckelnden Jugendstilhäusern in der Altstadt fragte sie: »War dies mal eine reiche Stadt?« Und es schwang darin: »eine westliche Stadt?« Muß der Osten arm sein, sonst ist er westlich?

Meine slowakische Freundin Dagmar, eine Germanistikprofessorin, erzählte in gepflegtem Deutsch vom slowakischen Zwischenraum, in dem man nicht wisse, wo man sei. Historiker sähen in der Donau die Trennungslinie zwischen Ost und West. Die Donau floß an den Fenstern der Komenský-Universität vorbei, wo wir Dagmar zuhörten. Dahinter sahen wir die Hügel Österreichs. Wir waren in Mitteleuropa. Marie-Claude sagte: »Die Frage der Zugehörigkeit zu Ost oder zu West soll doch jeder für sich selbst entscheiden. Ich meinerseits habe den Osten in mir entdeckt.« Marie-Claudes Individualismus klang hier westlich fremd.

Dagmar trug zum klaren Verstand elegantes Schwarz und hatte blondes Haar zu regelmäßigen Gesichtszügen und ausgewogenen Manieren. Ihre Aura der intellektuellen Distanz präsentierte einen für den Westen verdaulichen Osten. Und Marie-Claude sagte: »Ich erkenne mich in Dagmar. Sie ist so westlich.« Dagmars Studentin war dagegen offensichtlich östlich. Sie trauerte blaß und ergeben, verstrickte sich im eigenen Familiennetz. Sie beklagte, sie könne ihrer Mutter nichts schenken, denn jene verstoße das Materielle. Der einzige Wunsch der Mutter sei, einmal den Westen zu sehen. Da kaufte ihr die Tochter eine Reise nach Paris, aber die Mutter fuhr nicht hin. »Sie will den Traum«, sagte Viktor, und seine Augen kamen näher aneinander, wie stets, wenn ihm etwas nahegeht.

Marie-Claude lauschte der Melodie des Slowakischen: »Die Betonung auf der ersten Silbe bei jedem Wort erweckt den Eindruck, als fange man unablässig von neuem an.« Meine Freundin Jana sagte: »Wir sind ein Land mit einer unendlichen Abfolge von Anfängen und ohne Enden.« Wir waren am Tag des Referendums angekommen, am Tag der Volksentscheidung, ob sich die Slowakei den Beitritt zur NATO wünscht, ob sie westlich sein will, und ob sie den Präsidenten direkt vom Volk wählen will. Als wir wieder wegfuhren, war das Referendum für ungültig erklärt worden. Eine Regierung mit dem Drang hin zum russischen Osten hinderte das Volk daran, seine Eigenverantwortung wahrzunehmen. Und somit blieb auch die Frage der geographischen, geistigen und ökonomischen Selbstzuteilung unbeantwortet.

Wir fuhren über Mähren nach Südböhmen. Vor der tschechisch-bayerischen Grenze sahen wir den Westen als Barbesitzer. Auf einer Waldlichtung standen vier Bauernhäuser, und eines davon hat er weiß übertüncht und darauf mit einer rosa Leuchtreklame einen schmalen Frauenkörper mit einem wuchernden Busen gezeichnet. An Waldwegen entlang der Hauptstraße posierten tschechische Mädchen mit breiten Gesichtern und breiten Becken, ungelenk boten sie sich an, als böten sie zusammen mit ihren bodenständigen Schenkeln in Hot pants auch Waldbeeren an, als wäre es dasselbe. Da es nicht dasselbe ist, könnte man in den imaginären Waldbeerverkäuferinnen den Osten und in der offenen Prostitution den Westen vermuten. Dadurch dehnen sich die Begriffe Ost und West bis ins Absurde, und doch haben sie eine gewisse Berechtigung. Also fahre ich mit dem Spiel fort.

Von der befreiten Ost-West-Grenze her strömte in einer Autokolonne der Westen als Käufer. Ihn empfingen Hunderte von dichtgedrängten roten Gartenzwergen mit weißen Bärten, die Arme am Körper angedrückt, stumm und alle gespenstisch gleich. Ist die Ware Zwerg, bestimmt für den deutschen Käufer, das Ostideal des Westens? Antiindividuell und pflegeleicht. Der Deutsche, *nemec*, das heißt aus der urslawischen Perspektive ethymologisch »der Stumme«, feilscht laut und stellt den Zwerg, den domestiziert Lächelnden, in den Garten vor das bayerische Eigenheim, blickt auf ihn herunter.

Die vielen geschlechtslosen Zwerge und das scheintote Schneewittchen. Es läßt sich auf dem Rücksitz eines Mercedes mit D-Kennzeichen gegen Devisen begatten, aber wird davon nicht auferstehen, kann auch nicht, denn unser Ost-West-Märchen ist noch nicht zu Ende, es hat erst angefangen, und der erwartete erlösende Liebesakt im Glassarg rückt in die Ferne. Auf gerodeten Waldplätzen rücken dafür die östlichen Zwerge zusammen, und der Westen saust durch oder auch darüber.

Wir machten halt in einer Dorfkneipe, aßen Knödel mit Sauerkraut und Schweinefleisch, waren verstummt, mieden deutsche Wörter, aus Scham mit dem Westen gleichgesetzt zu werden. Marie-Claude bereitete sich auf die Rückkehr in den Westen vor, sie stellte sich in die Mitte der Kneipe, warf selbstbezogen und mit Genuß Pfeile in eine Zielscheibe an der Wand. Um sie herum wurde eine dreifache Zigeunerhochzeit gefeiert, mit Haarpomade, Stöckelschuhen, viel Schminke und drapiert von beleibten Brautvätern. »Wir sind also doch bis nach Mexiko gekommen«, sagte ich.

An der deutschen Grenze wurde der alte sowjetische Paß von Viktor eine halbe Stunde lang geprüft. Sein Paß war rot, klein und abgewetzt. Die roten Schweizer Pässe von mir und Marie-Claude waren so groß, daß sie keiner ansehen wollte. Danach kam der Westen.

An einer Tankstelle tauchte kurz wieder der Osten auf. Ein Fernfahrer lud mich galant zum Espresso ein, erzählte detailliert von drei Foltermethoden, und es freute ihn, sich mit mir in seiner Muttersprache zu unterhalten. Ich antwortete in einem Gemisch aus Slowakisch und Serbisch. Er war ein Bosnier und fuhr zurück nach Sarajevo.

OSTEUROPA EINE FRAU, DER WESTEN EIN MANN?

2001

Meine Großmutter pflegte auf den Küchentisch zu spucken und ihn dann hingebungsvoll mit ihrem Ellbogen zu reinigen. Meine Mutter beleckte ihre Finger und verrieb ihren Speichel auf den kuchenverklebten Wangen meines Bruders, während dieser ihr sein grimassenverzogenes Gesicht hinhielt. Auf die Gehsteige unseres slowakischen Städtchens spuckten gestandene Männer und machten damit auch nicht halt vor öffentlichen Innenräumen und deshalb mahnten in den Läden Tafeln: Spucken Sie nicht auf den Boden! Da dieses Bedürfnis als berechtigt galt und nicht aufzuhalten war, wurde in der Ecke neben den Kartoffelsäcken und aufgeschlitzten Rindern ein Spucknapf hingestellt. Wie ich so träge in der Schlange stand, starrte ich auf die im Aluminiumgefäß sich sammelnde grünlich-weiße Flüssigkeit, in der wir alle vereint waren. Inmitten meiner, deiner, unserer zähen Spucke zu leben, war mir als Kind selbstverständlich. Die Welt, die hier zugemutet wurde, war eine mit Sekret vermengte. Ich vermißte das klare Wasser, dieses Dritte, den klärenden Geist.

Als ich mit 18 Jahren in die Schweiz emigriert wurde, erschrak ich über die harten Konturen bei den Menschen, auch Frauen erschienen mir männlich, zumindest androgyn, sie verhielten sich abgetrennt von anderen auch im Privatleben, sogar in Beziehung zu ihren Kleinkindern – statt diese zu umarmen, sprachen sie mit ihnen ernsthaft wie mit Erwachsenen. Ich bedauerte die westliche Frau, beraubt einer mir bekannten weichen Weiblichkeit, ich bedauerte das westliche Kind, beraubt der Osmose mit solch einer Mutter. Ich vermißte nun das Verbindende aus meiner verlorenen slawischen Heimat, mir fehlte das tröstend nebulös Weibliche, das Verspielte. Die germanisch-keltische Welt präsentierte sich als geistig anregend, unterscheidend, als das unbarmherzig Männliche. Der westlichen Persönlichkeitsschulung verdanke ich das Ausbauen meiner männlichen Seite, die ich inzwischen als zu meiner Weiblichkeit gehörend zähle.

Die kroatische Schrifstellerin Dubrawka Ugrešić meint, der überlegene männliche Westen brauche den geographischen Raum des ehemaligen realen Sozialismus als eine schlafende Frau, die horizontale Lage diene seiner geistigen und wirtschaftlichen Erektion. Schon im 19. Jahrhundert haben russische Intellektuelle Rußland sogenannte weibliche Eigenschaften wie mystische Uferlosigkeit und Passivität im Kontrast zum pragmatischen Westen zugeschrieben. Literarisch wird Ost und West in Gontscharows Roman »Oblomow« in den weibischen, aber poetischen, mit seinem Sofa verwachsenen Haupthelden Oblomow und in den rigiden, dafür handelnden deutschen Geschäftsmann Stolz polarisiert.

Nach der Wende fuhr ich immer wieder für Reportagen in verschiedene Länder Mittel- und Osteuropas, suchte die slawische Welt mit neuen, schon verwestlichten Augen zu erforschen. Ich suchte auch nach einem Weg, um meine eigene zwischen Ost und West zerrissene Weiblichkeit zu vereinen. Ich sah professionelle östliche Frauen sich wie Puppen schminken und kleiden, in der Anwesenheit der Männer kichern und im Handumdrehen diesen grob befehlen. Ich begegnete einer Spaltung der Frau in Mädchenhaftigkeit und Verrohung, in Nachgiebigkeit und Fanatismus, ich sah eine Disharmonie in ehemaligen Direktorinnen, Dissidentinnen, Traktoristinnen, ich sah Mütter und Großmütter, die keinen Mann kannten, da er im Suff oder im GULAG verschwunden war, und die den Knaben als ihr liebstes Puppenstubenspielzeug bar jeglichem Respekt behandelten. Sie strickten sich den »Mann« nach dem Muster ihrer eigenen Zwangsjacken, führten sich und ihn in ewige Verstrickungen. Diese Söhne und Enkelsöhne krochen gerade aus dem schummrigen sozialistischen Mutterkuchen heraus und torkelten umher. Das frühere verbrecherische Monopol der KP zerfiel in aber tausend kriminelle Verbände, die sich das Imperium aufzuteilen anschickten. Die Hauptverliererin sollte die Frau sein.

Im Jahr 2000 entlarvte die griechische Presse eine von der Ostmafia geführte Kette von kleinen Konzentrationslagern in Nordgriechenland, die sie als »Neue Dachaus, Folterkammern für Importmädchen« bezeichnete. Frauen aus Rußland und der Ukraine »bildet« man darin durch Hunger, Durst, Schläge und regelmäßige Vergewaltigungen für die Arbeit als begehrte, zu jeder Perversion bereite Sexsklavinnen aus. Nach ein paar Jahren Einsatz in Bordellen sterben sie ausgelaugt und gebrochen. Ähnliche Einrichtungen mit »frischer postkommunistischer Ware« gibt es inzwischen in ganz Europa.

In der russischen Unterwelt gilt die Frau als ein Nicht-Mensch – der kriminelle Jargon kennt für das Wort Frau nur die Bezeichnung *prostitutka*. Die Herabwürdigung der Frau auf einen für den Mann abgerichteten Körper ist in der kriminellen Welt genauso ein Reflex wie das ungehemmte Weinen des hartgesottenen Sohnes, wenn ihn die Mutter im Knast besucht. Die Karriere einer Frau in diesem infantilen und grausamen Milieu ist, Mutter eines hochrangigen Kriminellen zu werden. Die Hure wird in die Hölle geschickt, die Madonna in den Himmel gehoben, um den weiblichen Menschen aus der Welt zu schaffen. Denn gäbe es eine Frau, würde sie die Allmacht der Mutter relativieren. Eine Hure ist jedoch keine Konkurrenz, mit ihr gibt es keine Bindung, der Mutterverrat ist gebannt, und der Sohn darf Sohn bleiben.

Der ostslawische Sklavinnenhalter ist kein Abweichler von seiner Kultur. Das, was er dank neuen kapitalistischen Freiheiten im Sexgewerbe konsequent betreiben kann, die

Unduldsamkeit gegenüber jeglichem Subjekt, das es nicht geben darf, geschieht in Rußland überall, ob physisch oder nur psychisch. Vor einigen Jahren blieb ich für eine Reportage drei Wochen lang im Milieu des Paten des russischen Fernen Ostens. Am meisten verblüffte mich die Bravheit dieser harten Jungs, ihre ständige pathologische Angst, ja alles »richtig« zu machen. Dieses »richtige Verhalten« auch sprachlich als *pravilnyje ponjatija* codiert, ist das bis in die kleinsten Details festgelegte, ungeschriebene kriminelle Gesetz, dem sich auch der mächtige Pate unterzuordnen hat. Er verfügt genauso wenig frei über die Mordaufträge, die er anordnet, wie über seine Körperhaltung, die zur Machtdemonstration aufgebläht sein muß. Jedes Zeichen individueller Entspannung, ob in Geste oder Wort, kann ihn nämlich das Leben kosten.

Die Illusion, sich durch kriminelle Taten aus dem Spucknapf der Verstrickungen herauszuwinden, bringt den jungen Mann in eine neue Abhängigkeit von der streng hierarchischen kleinen *gruppirowka, formacija* oder eines einige Hundert Mitglieder zählenden *klan*. Er ist kein Einzelgänger, sondern auf ewig der *bratwa*, der krimininellen Brüderschaft gegenüber verpflichtet. Diese *kommerssanty* oder *bisnissmjeny* waren von ihrer eigenen – wie sie es nannten – »gerechten« Lebensführung überzeugt. Die Welt außerhalb ihrer Gruppierung erlebten sie als böse und gegen sich gerichtet. Und sie bekämpften sie genauso edel wie jede abweichende Meinung.

Der Pate, mit bürgerlichem Namen Wladimir Podatjew aus Chabarowsk, in der Unterwelt bekannt als *pudel*, hatte achtzehn Jahre Erfahrung der männlichen GULAG-Welt hinter sich. Er verehrte nur seine Mutter und darüber hinaus familiär auch Gott, von dem er behauptete, dieser stehe auf seiner Seite, und es war anzunehmen, daß er ihn andernsfalls durchaus dazu zwingen könnte. Auf diese Weise geistig abgesichert, wurde er zusätzlich physisch von zwei gegenstandähnlichen

Leibwächtern flankiert, die er genauso verachtete wie seine junge Frau, die ihm gerade zwei Söhne geboren hatte. Nebst Casinobetreiben und vielem anderem war er ein Mitglied der Menschenrechtskommission bei der Regierung Jelzins und hatte seine eigene aus Kosaken bestehende Armee. Seine vielfältige Verfilzung mit Mütterchen Rußland aufzulösen gliche dem Tod und wäre wohl auch einer. Mir erschien Rußland wie eine riesige *matrjoschka*, jene folkloristisch verniedlichte hohle Mutterfigur, die ihre Ebenbilder der Größe nach in ihrem Schlund verstaut, den mittleren Chef in dem großen, den kleinen in dem mittleren, bis sie allesamt verschwunden sind. Und sie lächelt maskenhaft unschuldig dazu.

Solch geartetes Osteuropa ist höchstens eine Perversion der Weiblichkeit, aus der der Westen als Geschäfts-»Mann« seinen Nutzen zieht. Kürzlich hatte ich einen Traum: An einer Ost-West-Konferenz steht zu meiner Linken eine östliche Frau mit verschwommenem Blick, lasziven Bewegungen, in einem taillierten wallendem Rock, und zu meiner Rechten redet auf mich eine drahtige westliche Intelektuelle in grau-schwarzem Hosenkostüm ein. Ich umarme mit meinem linken Arm die östliche Frau, die sich an mich anschmiegt, und ich wende mein vor Anspannung verzerrtes Gesicht der westlichen Frau zu, die mir eine Theorie erklärt. Dann ertönt eine Stimme aus dem Lautsprecher, daß es an der Zeit sei, die Plätze zu wechseln. Ich lege daraufhin meinen rechten Arm um die kantige Frau, die sofort verstummt und sich dankbar abrundet, und ich löse den linken Arm und sage forsch zu der formlosen Frau, daß sie gerade stehen solle, und ich sehe, daß sie nun eine feste Lederjacke trägt, mit leuchtenden Metallknöpfen. Die Konferenzgäste umringen uns und jubeln uns zu. Ich verkünde feierlich, daß ich an keinen Ost-West-Konferenzen mehr teilnehmen würde, sondern nur noch an Konferenzen. Ich wachte auf und beschloß, die beiden Frauen in mir nicht mehr in unvereinbare Gegensätze zu spalten.

II.

KRIEG IN KOSOVO

DIE MUTTER, DIE JOURNALISTIN, ICH UND DER KRIEG

Tagebucheintragung am 31. März 1999

Kurz vor den ersten NATO-Bombardierungen von Jugoslawien träumte ich, daß ein Krieg ausgebrochen sei. Ich befand mich zusammen mit meinem zwölfjährigen Sohn isoliert von diesem Geschehen in einem leeren, fremden Zimmer, wo nur ein Bett stand, unter dem wir uns beide versteckten. Da kam ins Zimmer ein Flüchtlingsmädchen, es war erschöpft und blieb schweigsam in der Mitte des Raumes stehen. Wir krochen unter dem Bett hervor, und auf einmal durchfuhr mich die Erkenntnis wie ein Strahl, der von unten kommend meinen Verstand traf, daß mein älterer Sohn am Krieg als Soldat teilnimmt. Als nächstes tauchte in mir das Wort Schlachtfeld auf, ich sah ein sumpfiges Feld und meinen Jungen in der Uniform, verletzt, blutig, sich windend, ohne Arm, ohne Bein, tot, mit dem Gesicht im Schlamm, schwarz-weiße Kriegsbilder, in denen es nur die Bewegung des Taumelns und Fallens gab. Vom Bauch stieg in langgezogenen Sekunden der Urschmerz aller Mütter hoch, die tiefste aller Verzweiflungen, die sich ins ganze Universum ausdehnte. Nicht nur war das Leben schlechthin nicht mehr lebenswert, es gab überhaupt kein Leben, nicht einmal Einzeller, und es war auch unmöglich zu sterben mit dem Gedanken an mein Kind im Gemetzel. Und keine Frage nach dem Warum, keine Empörung, kein Gedanke, kein Gefühl in dem kantenlosen Abgrund, der ich selbst war und in dem das Bild meines verstümmelten Kindes unklare Umrisse annahm. Etwas sehr Schwaches wie ein Schimmern vom Denken mag darin gewesen sein, eine vage Sehnsucht nach Konturen, nach dem Austrocknen des Schlamms, nach dem Wissen, was geschieht. Und doch öffnete ich nicht die Tür, rannte nicht hinaus, sondern fing an, im kleinen Raum mechanisch auf und ab zu gehen, mich auch motorisch auf mein Eingeschlossensein einzupendeln wie autistische Säuglinge im Bettchen auf und ab wippen.

Ich wachte benommen auf, und zwei Tage später sah ich Bilder von fliehenden Kosovoalbanerinnen mit ihren Kleinkindern. Eine ältere Frau sagte, die Serben hätten ihren Sohn mitgenommen, und sie wolle zurück, sie wolle lieber sterben als sich ohne ihn in Sicherheit zu bringen. Ich schaue mir seitdem die Gesichter der Flüchtlingsfrauen in den Fernsehnachrichten an, tauche in sie ein und fühle, daß diese Menschen nicht gerettet sind, da es sie zur Zeit als eigenständige Wesen gar nicht gibt, sie sind außerstande, die Welt um sich herum wahrzunehmen, sie sind nur von dem dunklen Allschmerz des Verschwindens ihrer Nächsten eingesogen und verschwinden darin.

Und ich selbst bin im Banne ihres Schmerzes, es zieht mich zu ihnen, im Gedächtnis eingravierte Szenen aus dem russisch-tschetschenischen Krieg werden wach, es ist, als sei ich wieder dort, als befragte ich die Flüchtlinge, weinte mit ihnen, schriebe ihre Geschichten auf und schickte sie der Presse. Der Beruf der Kriegsjournalistin, die ich einmal vor drei Jahren im Kaukasus war, erscheint mir als meine erprobte Antwort auf das Unfaßbare. Will ich mich dadurch dem Tod und dem Leben stellen, oder ist es gerade umgekehrt, trachte ich mich mit fremdem Schmerz auszulöschen? Verwische ich in meiner Sehnsucht nach ihnen die Grenzen zwischen mir und den Anderen, bin ich wieder die Mutter, die ohne zu zögern bereit ist, sich selbst aufzugeben, damit ihr Kind, damit das Kind schlechthin, der Andere, am Leben bleibt? Und wieviel davon ist Instinkt, wieviel ein echtes Mitgefühl und wieviel ein seelischer Selbstmordgedanke, der aus der Schwäche meines Selbst genährt wird und nun ein geeignetes Bild in der Außenwelt findet und sich gierig darauf stürzt, wie auf ein Fahrzeug, um weit weg von mir zu verreisen? Will ich tätig sein, weil ich die Tatsache des Grauens nicht aushalte, weil ich abermals die Welt als die, die sie ist, nicht annehmen will, da es meine Vorstellungskraft, meine Kräfte übersteigt, weil ich mich ungeschützt von der Wucht des Bösen überrumpeln lasse? Wieviel von diesem Drang zu den mir vertrauten Aktivitäten ist ein Sog weg von meinem Zentrum, vom Denken, von den Schlachtfeldern in mir, die der Krieg aufdeckt?

Ich fasse dies in Worte, um schreibend, das heißt denkend, mehr über mein Mitgefühl zu erfahren, denn nicht mehr will ich das Gefühl als die höchste und reinste Instanz in mir dulden, sondern es solange anschauen, bis ich seine Natur als einen harten, kristallenen Kern, befreit von sentimentaler Verschmutzung erblicke, mich selbst erblicke als die, die ich in Basel am Schreibtisch sitze und nicht vermengt mit der, die im Kopftuch auf der Flucht aus ihrem brennenden Dorf ist. Und doch bin ich auch jene Frau, müßte ihr um so näher kommen, wenn ich mit meinem ganzen Wesen, fühlend und denkend bei ihr und bei mir bin, wenn nicht die Mutter in mir und nicht mein Beruf überhand nehmen über den Menschen, der ich auch bin und der sich bewahren will und soll. Wenn ich aus dem Traumzimmer hinausgehe, ohne den Schmerz darin alleine zurückzulassen, ohne den Schlüssel wegzuwerfen, sondern, wenn ich die Verzweiflung im Bauch mitnehme, aber auf die Art, daß nicht sie, sondern ich meine eigenen Schritte lenke, dann – so müßte es wohl kommen – würde mich der Krieg nicht taumeln machen. Dann, so die Hypothese, würde ich seinem Taumeln aufrecht begegnen können, nachdem ich den Schlamm in mir beseitigt, den Kopf meines Kindes gehoben und gewaschen hatte.

EINE FAMILIE IST NOCH KEIN HÄRTEFALL

1999

An den kantonalen Fremdenpolizeischaltern vorbei und durch die Büros der Hilfswerke defilierte in den letzten Wochen eine besondere Kategorie von Menschen, mehr oder weniger Rechtlose, Hoffende, Bittende, Verzweifelnde. Sie zeigten ihre Ausländerausweise, mal stolz, mal beschämt, je nach dem Buchstaben darin, der sie als Ausländer mit Niederlassung[1], als anerkannten oder als abgewiesenen und vorläufig aufgenommenen Asylbewerber ausweist. Sie falteten zerknüllte Papierblätter auseinander, mit Händen, ans Anpacken und nicht ans Schreiben gewöhnt, hatten sie ungelenk die Namen ihrer Ehefrauen und Kinder, der Geschwister und Eltern mit deren Geburtsdaten aufgeschrieben. In der Jackentasche trugen sie ihre versammelte Familie bei sich wie Glücksanhänger. Meist Männer, seit zwanzig, zehn, fünf, zwei Jahren oder bloß einigen Monaten in der Schweiz. Von den Gehältern, verdient auf Baugerüsten, Straßen, an Fließbändern und in Pizzerias, wurden Häuser im Kosovo gebaut, die jetzt abgebrannt und geplündert sind. Es bleibt nur das Handy, die lebendige Schnur, an der sich die Familie hält und hochzuziehen versucht. Kurze Anrufe aus den Flüchtlingslagern in Mazedonien, Albanien, aus Asylheimen in Westeuropa: Wann, wann holst du uns in die Schweiz?

Berat[2] hat den besten Ausländerstatus, eine Niederlassung, seit Jahren arbeitet er regelmäßig, wurde nicht betrieben[3], seine Familie schmort bei vierzig Grad Hitze in einem

1 Aufenthaltsgenehmigung.
2 Alle Namen geändert.
3 Nicht gepfändet.

Zelt in Albanien. Doch der Polizeibeamte schüttelt den Kopf, als er die Lohnabrechnung sieht. Der Hilfsarbeiter müßte 5500 Franken monatlich verdienen und auch seine Dreizimmerwohnung sei gemäß schweizerischem Standard für drei Kinder zu klein. Für diese Kinder, die jetzt auf einer Plastikfolie schlafen, Durchfall haben und ins Telefon weinen, ist ihr Vater der einzige feste Punkt in einer auseinanderbrechenden Welt. Berat kann sich nicht mehr konzentrieren, fällt vom Gerüst, der Aufprall bringt Klarheit, er nimmt einen Kredit auf und bezahlt den Schleppern siebentausend Franken. Eines frühen Morgens telefoniert seine Frau von einem Grenzbahnhof. Endlich der vertraute Geruch und die unendlichen Kriegsgeschichten, aber kaum hat sich sein Geist beruhigt, schon kommt die Kündigung vom Hausbesitzer, die Wohnung sei nicht für fünf Personen vermietet worden.

Enver ist besser dran, zwanzig Jahre Schweiz, ebenfalls eine Niederlassungsbewilligung, der Lohn ausreichend, eine 4 ½-Zimmer-Wohnung. Die Fremdenpolizei gestattet seiner Frau und den drei minderjährigen Kindern einen Touristenbesuch für drei Monate, aber den 19jährigen Sohn lehnt sie ab. Er ist volljährig. Wäre er ein Härtefall, wäre sein Bauch hart von Schwangerschaft oder von frischen Kugeln, dürfte er sich kurz beim Vater erholen. Während der Rest der Familie in Skopje ins Flugzeug steigt, macht sich der Sohn alleine auf den Weg gegen Norden. Serbische Polizisten verhaften ihn, und als sie erfahren, daß sein Vater in der Schweiz lebt, verlangen sie zehntausend Schweizerfranken innerhalb von 48 Stunden, sonst würden sie ihn zwingen, an der serbischen Front gegen die UÇK zu kämpfen. Der Vater bezahlt und holt ihn illegal zu sich.

Nesim ist seit einem Jahr abgewiesener Asylbewerber ohne Arbeit, der fremde Staat ernährt ihn samt Frau und drei Kindern. Er gibt dies wie ein Verbrechen zu. Er weiß, sein Status ist der niedrigste. Er will noch seine zwei kleinen

Söhne nachziehen. Er kann nur betteln, im Kreis herumgehen, vielleicht reißt irgendwo ein Loch ein. Dieses Loch ist der Krieg. Die Großeltern flüchten mit den Kindern aus dem Kosovo nach Albanien. Doch die Kinder müßten unbegleitet sein, erst dann könnte das Internationale Rote Kreuz sie als hilfsbedürftigen Fall der Schweizer Vertretung in Tirana vorschlagen. Nach wochenlangem Hin und Her fragt man: »Sind die Großeltern und die Kinder vielleicht schwer krank?« Eine leise Hoffnung kommt auf: Die Großeltern haben chronische Erkrankungen, können sich nicht um die Kinder kümmern, eine Arztbestätigung wird aus Albanien gefaxt. Günstiger wäre, wenn die Kinder Asthma oder Diabetes hätten, herzkrank von Geburt an, abhängig von Medikamenten wären. Der Vater hat seine eigene Philosophie: »Reicht der Krieg, die Flucht, zwei Monate Gestank und Schlamm eines Lagers und eine einjährige Trennung von Mutter und Vater nicht aus? Können sich die Beamten nicht vorstellen, daß dies alles Kinder krankmacht? « Doch. Bern zeigt am Ende Vorstellungskraft und genehmigt den Familiennachzug.

Flamur ist dagegen eindeutig ein Härtefall – Kriegsinvalider, 22 Jahre alt, UÇK-Kämpfer, soeben wurden ihm beide Beine amputiert, eine Bestätigung des Spitals aus Tirana liegt auf englisch vor. Flamurs drei Onkel leben in der Schweiz, sind arbeitsliebend, haben mittelgroße Wohnungen. Aber Neffe und Onkel sind für den westeuropäischen Familiensinn keine Kernfamilie. Ist Flamur vielleicht unbegleitet? Nein, ein Bruder ist bei ihm. Schade für Flamur, daß er es nicht alleine schafft. Der zu Fall gebrachte Kämpfer findet Aufnahme in einem Mailänder Spital. Dort liegt er. Unbegleitet. Ob er jetzt in die Schweiz kommen darf? Aber nein, Italien gilt doch als sicheres Drittland. Wenn Flamur wenigstens noch ein Bein hätte, könnte er über die grüne Grenze zu seiner Familie humpeln. Er hat einen erweiterten Familienbegriff – Onkel und Tante und Vetter fühlen sich für ihn verantwortlich wie seine leiblichen Eltern. Sie sind es, die ihn in Mailand besuchen, die Flamur an Stelle seiner Eltern aufmuntern, die von Bewilligungen und Härtefällen keine Ahnung haben. Sie sind inzwischen aus Albanien ins Kosovo zurückgekehrt, ohne zu erfahren, daß ihr Sohn ein sichtbarer Härtefall geworden ist.

Bajram, Fehmi und Afrim sind dafür in der Tat unbegleitet, drei Kinder, alleine geblieben in einem montenegrinischen Lager, beide Eltern sind vermißt, fünf Onkel leben mit Niederlassungen in der Schweiz, garantieren durch seriöse Löhne und Bankkonten den Aufenthalt. Alles sieht zuversichtlich aus. Das eine Kind hat sogar einen Arm verloren, der Onkel belegt es durch ein Foto. Doch dann kommt die schlechte Nachricht. Zwar hielten die Onkel ihre Neffen für kindlich, aber in Wirklichkeit sind diese schon erwachsen: 18, 19 und 22 Jahre alt, und den Arm hat Afrim schon vor einem halben Jahr durch eine Granate verloren. Er ist also kein Kriegsverletzter, obwohl es im Kosovo schon seit einem Jahr Krieg gibt. Man möchte helfen: »Sind die Jungs nicht sonst irgendwie krank? « Aber der Onkel begreift die humanitären Kriterien für die Familienzusammenführung noch nicht. Gott sei Dank sind sie gesund, bloß schwer traumatisiert, meint er. Doch für die Benachteiligten dieser Erde ist die Notlüge die einzige Meinungsfreiheit. Gäbe es die letztere nicht, wäre ich den drei Jugendlichen nicht kürzlich bei der Fremdenpolizei begegnet, wo sie gerade eine »Anwesenheitsbestätigung« für zwei Monate erhielten. Sie blickten ernst wie erwachsene Kinder und hilflos wie kindliche Erwachsene. Afrim reichte mir seine einzige Hand. Der Onkel begrüßte mich dafür mit seinen beiden Händen. Dort, wo eine Hand fehlt, wird sie sogleich von der Familie ausgeglichen.

Halim ist ein demütiger Mann. Gedemütigt noch und noch. Denn seine junge Frau wurde von den serbischen Militärs vergewaltigt. Sie floh mit ihrer Mutter und ihren drei

Kleinkindern nach Mazedonien. Da sie seitdem geistig verwirrt ist, sorgt ihre Mutter für die Kinder, und daher gilt die Familie als nicht hilfsbedürftig. Für die Engländer allerdings schon. Man hat sie ins englische Kontingent aufgenommen. Wenn Halim sie in England besucht, verliert er seinen Ausländerstatus, der zwar der schlechteste ist, aber doch einer. Und aus England herauszukommen ist unmöglich, um England herum ist Wasser wie Stacheldraht.

Wäre die Familie in Deutschland, Österreich oder Italien gelandet, könnte sie wie viele andere zu Fuß durch den Wald ins helvetische Paradies einreisen. Hier würde sie sich aller Illusionen über Paradiese entledigen. Gleich nach der Ankunft in einer Empfangsstelle werden Flüchtlinge nämlich so an die Kantone verteilt, daß der Großvater mit Schwiegertochter und Enkel im Zürcher Asylheim lebt, die Schwiegermutter alleine in St. Gallen, der Bruder mit Frau und Kind in Basel, zwei Söhne im Tessin und die Tochter mit ihrer Familie in Lausanne. Das Recht zusammenzubleiben hat nur die Kernfamilie (Eltern und minderjährige Kinder), ein Kantonswechsel zugunsten der Großfamilie ist kaum möglich. Die Familienzusammenkünfte der Zerrissenen finden schon wieder über Handy statt.

Aferdita will niemanden zu sich einladen, sie leidet bloß an der Obsession, ihre alte Mutter, die in einem albanischen Flüchtlingslager im Sterben liegt, noch einmal sehen zu müssen. Sie ist wegen dieses zwanghaftdepressiven Zustands in psychiatrischer Behandlung. Oft träumt sie von einem Familienmahl am runden Tisch, der entzweibricht. Der Psychiater erklärt ihr, daß dies ein schönes Bild für ihr nicht intaktes Selbst sei. Die Beamtin meint, das Gesuch um eine Woche Ausreise aus der Schweiz werde mit aller Wahrscheinlichkeit abgelehnt, aber auf diesen Entscheid müsse sie drei bis sechs Monate lang warten. Aferdita wird trotz Antidepressiva zornig, sie ruft vor dem Schalter laut aus, Gott werde eines Tages diese Unmenschlichkeit bestrafen.

Einige Tage später stirbt die Mutter in Albanien. Unbegleitet. Der härteste Härtefall.

Besondere Härte

Aus der Weisung des Bundesamtes für Ausländerfragen vom 30. April 1999 für Personen mit letztem Wohnsitz in der Provinz Kosovo:

6. Besondere Härte. In der Regel werden Ehegatten und minderjährige Kinder als Härtefall betrachtet. Namentlich kann eine besondere Härte auch vorliegen bei Kriegsverletzten, Kranken, schwangeren Frauen. Liegt eine besondere Härte vor, können die übrigen Kriterien (Finanzen, Wohnraum, Verwandtschaftsgrad) auch weniger restriktiv gehandhabt werden.

III.

RUMÄNIEN, SLOWAKEI, POLEN, MOLDAWIEN

TRANSSILVANIEN – LAND JENSEITS DER WÄLDER

Reisen in den rumänischen Südostkarpaten

1999

Transsilvanien gibt es wirklich, obwohl es in unserem Bewußtsein bloß als literarische Vampirenlandschaft des irischen Schriftstellers Bram Stoker existiert. Die vom Lateinischen stammende Bezeichnung – ein Land jenseits der Wälder – klingt an sich schon mysteriös. Die deutschen Siedler, die sich im 12. Jahrhundert im Bogen der Karpaten niederließen, im Reich der Wölfe, Bären und Luchse, machten aus dem nebulösen Begriff Transsilvanien Siebenbürgen. Echte Abendländer, die das Land nach ihrem eigenen Tun benannten, auf die Horizontale ihre Vertikale aufsetzten. Sie teilten es in sieben Stühle auf und errichteten hier bis zu zweihundert Burgen. Zuerst bauten sie die Kirche, und um sie herum befestigten sie hohe Mauern mit Wehrtürmen und Schießscharten. Die Siebenbürger Sachsen waren fromme Bauern und Grenzwächter des Abendlandes, die manchen Einfall der wilden Tataren und Osmanen abwehrten.

Das Wilde bewegt sich gerne außerhalb der eigenen Mauern. »Das wilde Herz Europas« nennt ein Schweizer Reiseprospekt Transsilvanien. Nun, die Menschen hier würden es kaum wagen, sich so ins pochende Zentrum zu setzen, wo sie doch höchstens als kleiner verstauchter Zeh Europas wahrgenommen werden. Aber gemeint sind natürlich nicht sie, sondern die noch nicht kahlen rumänischen Karpaten mit wilden Tieren – in den Wäldern werden über 3 500 Wölfe, 1 500 Luchse und 5 500 Bären geschätzt; das ist die dichteste Population an großen Beutegreifern in Europa. In Transsilvanien hat man »das Wilde« nicht ganz ausgerottet, und um damit leben zu können, pflegt man die Kunst der sanften Verteidigung. Gegen Vampire gibt es Knoblauch und das christliche Kreuz, gegen östliche Eroberer Burgen, gegen Wölfe und Bären eine eigene rumänische Zuchtrasse von Schäferhunden. Die transsilvanischen Hirten, die trotz den riesigen Hunden mit ihren wolfsähnlichen schrägen Augen jährlich ein paar Schafe einbüßen, und dies ohne staatlichen Ersatz, sagen gelassen, an ihren Stock gestützt: »Auch der Wolf will leben, soll er doch leben.« Wanderer und Skifahrer wissen um die Nähe der Bären und der zwei Zentner schweren Wildschweine, aber sie sind in Sicherheit im Wald, wenn sie sich hier als Gäste benehmen und die von den Tieren gewünschte Distanz einhalten. Menschenscheu sind diese »Wilden«, denn gejagt vom Menschen werden sie schon seit über zweitausend Jahren.

Auch Nicolae Ceauşescu, der ein Vierteljahrhundert lang Rumänien wie seinen privaten Sandkasten behandelte, spielte hier den wilden Jäger. Vom Helikopter in einen Jeep umgestiegen, fuhr der sozialistische Staatschef auf der eigens für ihn asphaltierten Straße direkt zu seinem Hochsitz, von wo er gewöhnlich in einer Runde mehrere Bären abschoß, die seine Höflinge für diesen Staatsakt an den Fütterungsplatz gelockt hatten. Ceauşescus nekrophile Identifikation mit dem Bären sollte sich in seinem eigenen Tod, als er auf der Flucht niedergestreckt wurde, erfüllen. Seit seiner Hinrichtung ist vom Wilden in den Südostkarpaten nicht viel zu sehen. Die Kriminellen, so sagt man hier, haben sich nach Deutschland abgesetzt, wo es wilder zugeht. Nur der Zugschaffner beschwört verborgene Diebe und bleibt daher als Beschützer während der dreistündigen Fahrt von Bukarest ins transsilvanische Kronstadt bei mir im Abteil sitzen. Im Dämmerlicht der absterbenden Glühbirne lädt er mich in sein Dorf ein, wo ich den dortigen Friedhof besuchen solle. Den morbiden Verdacht entschärft er damit, daß der Friedhof bunte Kreuze habe und fröhlich genannt werde. Und zum Abschied schenkt er mir das Neue Testament auf rumänisch, gedruckt in Deutschland, und trägt mir den Koffer hinaus.

Dem Schatten der sprichwörtlichen balkanischen Leidenschaft begegne ich auf der Straße, wenn ich alte Männer in hohen Schafspelzmützen nach dem Weg frage. Sie ergreifen die Hand, beugen den Kopf vor und transzendieren den höflichen k. u. k. Handkuß in einen Anflug von echter Hingabe. Danach entblößen sie ihre Goldzähne. – Damit die herbeigewünschten Touristen etwas zum Gruseln haben, wurde das Schloß Bran, das die tapferen Siebenbürger Sachsen errichtet und Törzburg genannt hatten, neuerdings renoviert und zum Dracula-Schloß erklärt. Unterhalb des Schlosses sehen einige Kinder durchaus blutarm aus, aber es werden die westlichen Ramschwaren mit ihren Preisen in den Dorfläden sein, die ihnen das Blut ausgesaugt haben. Das ist wirklich wild hier und gefährlich.

Der kleine Bär dagegen, der mir am Waldrand über den Weg läuft, kullert in Panik über mein Auftauchen in den Bach. Sowohl einige Wolfsrudel wie auch Bären wählten ungeniert ihr Revier nah an den menschlichen Siedlungen. Die sogenannten habituierten Bären, die sich auf den menschlichen Abfall spezialisiert haben, kommen regelmäßig nachts zu den Abfallcontainern in eine Hochhaussiedlung von Kronstadt. Obwohl es nicht ratsam ist, hier im Dunkeln den Abfallsack hinauszutragen, haben die Bewohner noch keine Petition zum Abschuß der »Slumbären« eingereicht. Sie schauen ihnen im Abstand von einigen Metern einfach zu, balkanisch lethargisch und höchstens die Tiere neckend. Auch jene kühnen Wölfe, die sich unter die Passanten mischen, werden in Ruhe gelassen. Man hält sie meist für streunende Hunde, die in Rumänien freies Geleit haben.

Das hiesige Verständnis vom Wilden drückt der Pfarrer in seiner Predigt im sächsischen Dorf Tartlau so aus: »Wenn ich aus meiner Waldhütte morgens hinaustrete, sehe ich im Schnee die Spuren all der Tiere, die hier nachts herumgegangen sind. Ich weiß, sie waren da, und das genügt mir. So verhält es sich auch mit Gott. Ich brauche ihn nicht zu sehen. Ich finde doch täglich überall seine Spuren.« Den weisen Worten hören bloß ein Dutzend uralter Siebenbürger Sachsen zu, denn für diese Volksgruppe, die hier über 800 Jahre ausgeharrt hat, ist Gott ins deutsche Mutterland zurückgekehrt. Reichte ihre Zahl vor dem Zweiten Weltkrieg noch an eine Viertelmillion heran, so schrumpfte sie durch Deportationen in russische Arbeitslager 1945 und durch die etappenweise Auswanderung in den siebziger und achtziger Jahren auf ein Drittel vor der politischen Wende. Die Revolution von 1989 und die dadurch erreichte Möglichkeit zur ungehinderten Ausreise gab der Gemeinschaft den Todesstoß. Heute leben in den ursprünglich deutschen Siedlungen nur noch jeweils einzelne Träger dieser eigenwilligen Kultur und Sprache.

Wie die längst verflossene Kindheit betritt man ihre von der Moderne unberührten Gassen. Das Geburtshaus ist noch da, aber es wird von Fremden bewohnt. In die großzügig gebauten Bauernhäuser, die, den sächsischen Zusammenhalt bekräftigend, Schulter an Schulter nebeneinander stehen, gleich in ihrer Bauweise, aber individuell im Fassadenanstrich, dazwischen jeweils das geschlossene hohe Tor, das jedoch gastfreundlich geöffnet werden kann, sind Rumänen und Roma eingezogen. Und vor der sächsischen Burgmauer in Zeiden werden zeitgemäß importierte Drittklassewaren aller Weltteile angeboten. Eine ältere Sächsin führt mich durch das laute Marktgewirr aus Feilschen und rumänischen Schlagern in die stille Leere der evangelischen Kirche hinter die Mauern – der letzte Zufluchtsort, in dem das geschätzte Schlichte und Strenge im Kircheninnern, bescheiden geschmückt mit dunkelblauen bäuerlichen Ornamenten, bewahrt wurde.

Die Hinterbliebene bittet mich, zusammen mit ihr auf die Kanzel zu steigen. »Ist dies nicht ein Frevel?« frage ich.

»Nein, ein Blick von oben ist kein Frevel. Von unten sieht die Kirche groß aus, aber von oben begreift man, wie klein sie in der Tat ist«, meint die Frau. Eine kleine Welt, die sich selbst anschauen will. Sie wandert nun in die Ausdehnung aus.

In Deutschland angekommen, wird der Blick noch weiter, hier finden die Siebenbürger Sachsen staunend zweieinhalb Millionen Nachfahren aus dem Osmanischen Reich, die an ihnen vorbei ins Abendland vorgedrungen sind. Und die Ironie des Schicksals – der Lebensrhythmus eines bäuerlichen Flüchtlings aus Anatolien entspricht dem ihrigen mehr als das rasende Zeitalter ihrer westdeutschen Landsleute, die sie zudem befremdend Rumäniendeutsche oder Auswanderer nennen. Gekommen sind sie aus Sehnsucht, als Deutsche unter Deutschen zu leben, aber gerade inmitten der deutschen Kultur fängt ihr Einzelschicksal an. Die Geschichte ihres kleinen Volkes ist zu Ende. Und mit ihr verschwindet ihr singendes mittelalterliches Deutsch. Aus Transsilvanien haben sie Siebenbürgen gemacht. Ihre Vertikale steht dort.

WENN SEDMOHRADSKO ZU SIEBENBÜRGEN WIRD

1999

Daß es ein Land mit dem Namen Siebenbürgen geben soll, hörte ich als Kind von meiner Mutter, die sagte, ein Verwandter aus Sedmohradsko würde uns besuchen. Als sie den unglaublichen Landesnamen auf slowakisch aussprach und sich dabei vor dem Spiegel die Lippen rötete, setzte bei mir ein imaginativer Prozeß ein. Der Verwandte mag dann gekommen sein, ich habe keine Erinnerung an ihn, ich erinnere mich an die zarte Wolke, die beim Wort Sedmohradsko das kleine Reich aufsteigen ließ und es schützend umhüllte. Es war ein menschenleerer Ort, nur ich lebte dort als Prinzessin in der Burg, neben den Wölfen, meinen Freunden.

Sedmohradsko mit seinen Verwandten gab es nicht. Sedmohradsko gehörte mir. Dem Klang von Worten wie Sedmohradsko verdanke ich das poetische Bewußtsein, das sich über die mich schmerzende Welt der Erwachsenen und ihrer Ereignisse erhob, Orte erschuf, an denen mein ästhetisches Gesetz alles regelte und mich überleben, gar mit einer Ahnung des Glücks leben ließ.

Wenn ich eine Reisebeschreibung über das Land in Südosteuropa damit beginne, daß es Transsilvanien oder Siebenbürgen tatsächlich gibt, dann liegen vierzig Jahre zwischen dem Märchenreich Sedmohradsko und den Zeilen der Reisenden, die von ihrer Entdeckung des wirklichen Siebenbürgens berichtet. In dieser Zeit sammelte ich Wissen und Kraft, um Sedmohradsko von meiner Wolke behutsam ins Land der Siebenbürger Sachsen herunterzuholen. Ich fand das Eigene und das Hinzugekommene, ohne das Tränenerbe eines Landes, in dem ich hätte geboren sein können und aus dem ich wohl wie die meisten ausgewandert wäre, aber nicht geboren und nicht ausgewandert bin.

Der Abschied aus meiner slowakischen Vergangenheit geschah 1968, auf eine mir vertraute slowakische Art – mit Tränen, die über die weiblichen Umarmungen fließen. Die Ankunft in der deutschen Schriftsprache war hart. Das Deutsche war lange Zeit für mich Metall, Waffe, Werkzeug, es war Mann, ich rang mit ihm, er war der Andere, und er war übermächtig. In Siebenbürgen Anfang 1999 war dagegen die deutsche Sprache in der Minderheit, es zog mich zu ihr, dort, wo sie gegen den sicheren Tod ansprach, dort in der Konspiration fanden wir uns. Ich habe die deutsche Sprache nie vorher so viszeral lieben können wie in Siebenbürgen.

Als ich im evangelischen Pfarrhaus in Zeiden mit dem Pfarrer und seiner Frau ins Gespräch über Gott und die Zahl Sieben im Wort Siebenbürgen und ins Essen der Borschtschsuppe vertieft war, vollendete sich die Geschichte mit Sedmohradsko. Im bescheidenen Wohnzimmer der Pfarrersleute, das zugleich ihre Küche war, saß ich zugleich in Trenčín in unserem Haus am runden Eßtisch jenem Verwandten gegenüber, den ich mir zum Besucher gewählt habe, indem ich die Besucherin war. Diesen Besucher würde ich nicht vergessen. Sedmohradsko wurde in Zeiden zu Siebenbürgen, und es ist erst dann Sedmohradsko geworden. Der Kreis schloß sich dort, wo sich damals die Linie abgespalten hatte, als die Wolke das Land Sedmohradsko aus der Welt mitgenommen und Himmel und Erde sich getrennt hatten.

Meine Bewegtheit mögen die Pfarrersleute in der Tat als Verwandtschaftsbesuch verstanden haben, und als ich aufstand, um Abschied zu nehmen, sah ich ihr Bedauern. Doch sie hielten mich nicht zurück. Sie blieben an ihrer Hausschwelle stehen und schenkten mir anstelle von Tränen ihre Haltung, mit der sie den Schmerz des Verlustes als Würde seiner Überwindung trugen. So sah ich die Siebenbürger

Sachsen Abschied nehmen von ihrer Kultur und von ihrer mittelalterlichen deutschen Sprache. Ich trug ihre Haltung weiter, ich schenkte sie dem Text und somit der Welt und mir selbst.

Die Gnade der Leichtigkeit wurde mir zuteil, mit der sich jene Reiseschilderung wie zufällig schreiben ließ, als wäre meine tränenlose deutsche Sprache durch Siebenbürgen flüssig geworden und meine slowakische Wolke konkret. Ein rundes, ganzes Glück.

Dankrede für den Medienpreis der Stiftung Ostdeutscher Kulturrat, verliehen für die Reportage über Siebenbürgen (S. 69–73).

HART DER BODEN, BIEGSAM DER MENSCH

Slowakische Dörfer im rumänischen Bihor

2001

»Janko, wer war der erste Papst?«

»Jesus Christus.«

»Ojojoj, Janko, du hast gar nichts gelernt«, die Ordensschwester bedeckt sich mit beiden Händen das Gesicht und schüttelt lachend den Kopf. Dann erzählt sie von Petrus, der Christus verleugnet und später seinen Fehler bereut hat. Und da Petrus nichts Menschliches fremd war, hatte ihn Jesus zu seinem Stellvertreter bestimmt, also wurde Petrus der erste Papst. Vier Schüler in der rechten Bankreihe und fünf Schülerinnen in der linken hören ihr gespannt zu, elf Jahre alt, kleingeblieben, gelenkig. Die junge Nonne ist voller Achtung für den jetzigen Papst Johannes Paul II., es schmerzt sie, daß die orthodoxe rumänische Kirche ihn nicht als Oberhirten anerkennt. Dabei stehe sie der katholischen Kirche so nahe, seufzt sie. Aber wir sollen niemanden dorthin ziehen, wo wir stehen, mahnt sie sanft. Wir sollen unsere Sitten befolgen, vor der Mahlzeit beten, und die anderen, die es nicht tun, dabei lassen, sie nicht auf unsere Seite ziehen. Die Religionslehrerin wiederholt das anschauliche Wort *t'ahat'*, ziehen – draußen vor den Fenstern des Schulhauses im slowakischen Dorf *Nová Huta* (rumänisch *Şinteu*) ziehen Pferde und Kühe Wagen, beladen mit Holz, Heu, Kartoffeln, Maiskolben: Lebensnotwendige Güter darf man zu sich ziehen.

Im 19. Jahrhundert waren die slowakischen Kolonisten in mehreren Wellen mit ihren Holzwagen aus den armen Gegenden der Slowakei und Mährens in die Hügel des heute rumänischen Bihor gekommen. Sie kamen, um den Wald zu roden, sie waren Holzfäller, und die ungarischen Grafen Barányi und Bánffy hatten sie gerufen. Der Wald ist noch da, biegsam, hochgeschossen, jung sind die Ahorne, die Eichen, die Buchen, zart die Birken, wie oft sind sie gefällt worden und nachgewachsen, auch pflegeleichte Fichten wurden gepflanzt. In Österreich-Ungarn gehörte der Wald dem Grafen, der ihn teilweise zur Nutzung freigab, im Kommunismus eignete sich ihn der Staat ganz an. Jetzt besitzen jene einige Parzellen von ihm, die an ihm wohnen und mehrere Wörter für ihn haben – *les, hora, hůštava*. Sie haben sich seinerzeit mit der Axt den Lebensraum freigehauen, haben darauf ihre Holzhütten errichtet. Heute leben sie in weit verstreuten Höfen aus Lehm, die sich gerne an den Wald anlehnen. Dort suchen die Menschen ihren Mittelpunkt. Gefällte Stämme ähneln Goldbarren, Holz ist eine feste Währung. Ich helfe dir dein Dach reparieren, du bringst mir dafür Holz. Äste liegen nicht herum, jedes Stück wird eingesammelt. Und das Fällen und Wiederaufforsten geht weiter. Diesmal für den Export nach Ungarn, Italien und in die Schweiz. Plötzlich heulen Sägen auf, ein ganzer Hügel wird entblößt, zeigt seine frischen Stümpfe. Ein schmerzvoller Anblick wie der auf die beinlosen Bettler vor dem Eingang zum Donnerstagsmarkt. Die Waldwege entstehen irgendwo, kreuzen sich, laufen Hand in Hand nebeneinanderher, gewunden sind sie, trennen sich wieder, verlaufen sich im Dickicht, tauchen aus dem Nichts neu auf. Wortkarge Bauern grüßen sich zwar mit »Gesegnet sei Herr Jesus Christus«, aber die Göttin, die sie unablässig verehren, heißt Arbeit. Ihretwegen sind sie hierhergekommen, ihretwegen haben sie ausgeharrt, sie hat sie am Leben erhalten. Die Regime fallen, die Geldscheine ändern ihren Wert, aber eine Kuh bleibt eine Kuh, und wer sät, der erntet. *Práca, robota*, die Arbeit, das häufigste Wort. Wer seid ihr? Wir sind arbeitsam, sagen schon ihre Kinder. Die schwere körperliche Arbeit, der Ernst, der Wind meißeln ihre Gesichter und

Körper zu Gestalten wie aus Stein. Aber wenn sie sagen, ihr Leben sei hart, sagen sie es scheu und weich. Das Dulden der allzu Müden, der so oft Betrogenen, der leicht Dankbaren. Als die Religionslehrerin fragt, welcher Weg in die Hölle führt, weiß die Klasse die Antwort: der bequeme.

Der Pfarrer predigt: »Das Glück ist neben dir, du mußt es bloß sehen und ergreifen.« Zu der Frau mit dem von neun Kindern und dem Tragen von Lasten gebeugten alten Rükken sagt die Ordensschwester: »Tragen Sie es weiter, nehmen Sie es an. Gott ist mit Ihnen.« Dann lindert sie die Schmerzen, behandelt mit ihrer Krankenschwesterhand eine Wunde am Fuß. Wäre der Fuß nicht vom Tritt der Kuh so angeschwollen, daß er die Arbeit behinderte, wäre die Bäuerin nicht in die Krankenstation beim Pfarramt gekommen. Der Körper ist wie der Karren, er trägt den Menschen, und bekommt er Wunden – ach, das wird schon vergehen. Und Schmerzen haben ab vierzig alle, im feuchten Klima meldet sich Rheuma, Vorbeugen kennt man nicht. Der Tod schlägt plötzlich zu. Noch am Montag hielt der Alte die Zügel auf dem Pferdewagen, abends fiel er hin, am Donnerstag war er tot. Der Pfarrer steigt auf den Hügel und schickt dem Sohn eine SMS in die Stadt: »Der Vater ist gestorben. Das Begräbnis ist am Samstag.« Eine Mobilfunkantenne steht neuerdings bei der Dorfeinfahrt, höher als die Kirche. Eine andere Telefonverbindung gibt es nicht.

Die Straße ins hochgelegene Dorf *Gemelčička* (rumänisch *Făget*) ist lehmig. Wäre nicht ein Schweizer Entwicklungshelfer aus Passion hierher gekommen, auf seiner rastlosen Suche nach Sinn und Tat, würden die Holzwagen und der Jeep des Pfarrers weiterhin im Schlamm steckenbleiben. Nun geben bläuliche Felsbrocken der steil ansteigenden Straße Halt. Zweitausend Menschen wohnen hier auf einer Fläche von vierzig Quadratkilometern, so groß wie Bukarest, erklärt man stolz. Der Schweizer Bauingenieur hat seine Urlaubstage jahrelang auch dem Aufbau der Krankenstation und der Käserei gewidmet, half das Dorf elektrifizieren, hat das Trinkwasser trinkbar gemacht, und er will noch mehr – sein Organisationstalent in der hiesigen Unbestimmtheit als Wegweiser aufstellen. Er verliert sich auf Wegen, die rätselhaft abbrechen, in einer Zeit, die sich in den Schwanz beißt. Das Ziel scheint das Ziellose zu sein, jenseits aller Ziele der geschäftigen Welt. Ein Grund mehr zur Verzweiflung für einen, der die fremden Horizonte abzustecken sucht. Aber er gibt nicht auf, beim sechsunddreißigsten Besuch brachte der Katholik im Anhänger aus der Innerschweiz Holzstatuen von Christus am Kreuz und eine stattliche heilige Theresa, und für das siebenundreißigste Mal nimmt er sich das Toilettenabwasserrohr der Schule vor.

Seine Triumphe des Pragmatischen verehrt man als Titanentaten, der Mythos wird weitererzählt. So einer Spezies Mensch, für die Wohltätigkeit entflammt, sei man zuvor nie begegnet. Er tue es für Gott, die ältere Ordensschwester ist davon felsenfest überzeugt. Sie selbst ist dem verzweifelten Ruf des Pfarrers gleich nach der Samtenen Revolution 1989 aus der Slowakei nach *Nová Huta* gefolgt, denn der Ort der Not sei der richtige. Die hiesigen Lebensziele fordern auch eine Weitsicht – die Kuh melkt man, wenn das Euter voll ist. Das Schwein wird bis zur *zabíjačka*, dem vorwinterlichen Schlachtfest, gepäppelt. Seine Speckreste kochen die Frauen im Garten und rühren sie mit Soda zur gelben Brühe, bis diese dick wird – dann ist sie Seife. Alle schwärmen zur Pilzsuche aus, wenn die Zeit kommt, auch der Lehrer sammelt dann Steinpilze statt Aufsätze im Unterricht. Trauben werden zu Wein gepreßt, und Paprika vorsorglich in Essig eingelegt. Und man steht morgens auf, bevor es hell wird, und trifft sich jeden Sonntag beim *Zdravas Mária* in der Kirche. Wenn dann der Schnee kommt, füllen die Kinder den Kartoffelsack mit Stroh und rutschen den Hang zur Schule hinunter, überqueren Bäche, stampfen sich kilometerweit den Weg durch den Wald.

»Hanka, was gefällt dir hier?«

»Wenn die Schwalben im Frühling kommen.«

»Und was noch?«

»Wenn die Bäume Blüten bekommen.«

»Hanka, was ist dein Traum?«

»Ich habe keinen. Ich bin erst acht.«»Alle haben Träume.«

»Ich will ein Fahrrad haben und die Stadt sehen.«

Hier ist ein wie aus Zeit und Raum herausgeschnittener slowakischer Ort fern vom Mutterland. Das Slowakische erklingt hier inmitten des Rumänischen, nah am Ungarischen, neben dem aussterbenden Deutsch, und über die Landstraßen zieht die Sprache der Roma. Es ist weich und dehnt sich ins Freie, singend in die Weite nach der Art der ostslowakischen Sprachmelodie. Und man spricht mal derb, mal lyrisch, mal ehrfürchtig und siezt auch jene, die nicht anwesend sind – der Herr Pfarrer sind gegangen, heißt es. Der Pfarrer in Mehrzahl steht für die gebündelte Einzahl. Er verbindet neuerdings die geistige und die zivile Macht. Nur für die Predigt zieht er sich das weiße gestärkte Gewand über den Pullover. Der Pfarrer in *Nová Huta* ist auch Bürgermeister geworden, er lacht viel und gutmütig, raucht unentwegt und plant eine Pommes-frites-Fabrik. Für seine Leute, damit dieses Stück slowakischer Erde erhalten bleibe. Er ließ sich nicht ins Pfarramt in die Slowakei abwerben. Es wandere schon genug intellektuelle Elite seit Jahrzehnten ab. Er harrt auf dem kargen Boden aus, der rötlich und steinig ist, gut genug für die anspruchslosen Kartoffeln und als Kuhweide.

Das Zölibat sei ihm recht, seine Kinder seien diese Bauern. Seine Mutter empfängt die Besucher im Pfarramt, kocht und nennt ihren Sohn »Herr Pfarrer«, so will es die Sitte. Als er studierte – nach der slowakischen Grundschule und dem rumänischen Gymnasium im Priesterseminar auf Ungarisch –, schickte sie ihm Geld vom heimlich verkauften Selbstgebrannten. Auf dem Rücken und in den Armen trug sie, nachdem sie sieben Kinder gestillt und getragen hatte, diese fast mehr noch als Muttermilch geschätzte Flüssigkeit, in Flaschen abgefüllt, ins Tal. Heute sind die neuen eleganten Banknoten mehr als irreal, ein verbrecherischer Hohn – jeder ist Millionär, eine Windjacke billigster Sorte, Import aus der Türkei, kostet eine Million Lei, für manche ist dies ein Monatsgehalt, und die notwendigen Arbeitsschuhe kosten noch mehr. Das Dorf lebt, weil es sich seine eigene Währung bewahrt hat – zahlen kann man in Naturalien, mit Eiern, Hühnern, Schnaps, Holz, Schweinefleisch oder Arbeitseinsatz, auch die Steuern, wenn es anders nicht geht. Ein Brotlaib wird auf die ganze Woche zerstückelt, für mehr reicht die Rente nicht.

Auf sich selbst seien sie gestellt, die Slowakei interessiere sich für die slowakische Gemeinde in Chicago, aber nicht für die armen Verwandten in einem Land, das Bilder von Räuberbanden und Polanskis Vampiren evoziert. Dabei kann man in diesen Dörfern das Auto offenstehen lassen, wird von der Straße ins Haus eingeladen, die Arbeit wird kurz unterbrochen, wenn Gäste kommen. Jeder kennt jeden, die soziale Kontrolle gibt Geborgenheit, schnürt ein und erstickt auch die Kriminalität im Keim. Ceauşescus fortschreitende Zerstörung der Dörfer hatte auf dem Reißbrett auch diese Gegend vorgesehen – Abriß der Häuser, Zwangsaussiedlung in die städtischen Plattenbauten, um die Bauern kontrollierbarer zu machen und die Weiden kollektiv zu nutzen. Die Wende von 1989 kam für sie noch rechtzeitig. Es ist vorbei mit dem Befehl aus Bukarest, wann die Kühe auf die Weiden zu treiben seien, ebenfalls vorbei mit der Fürsorglichkeit des Staates. Der jetzige rumänische Staat behandle sie zwar wie andere Gegenden auch, aber gekränkt sind sie schon – den ungarischen Dörfern nebenan greife Budapest unter die Arme, die deutschen überschütte ganz Deutschland mit Geld und Gütern, wenn auch oft Secondhand. Uns bleibt nur die Plackerei, sagt die mittlere Generation und macht sie weiter. Die Mühle in *Nová Huta* steht noch, der Bach rinnt schwach, regelmäßig durchs Rohr, doch das Wichtigste fehlt – das Rad, das sich hier zum Gemeinwohl drehte. Die Mühle nützt einer vierköpfigen Familie nur noch als Wohnhaus.

Die Jungen wollen mehr als diesen schwunglosen Fortbestand. So emigriert die Jugend zurück ins gelobte Mutterland. Die in der weiten Landschaft, aber in der Defensive der Minderheit Aufgewachsenen suchen eine größere Zusammengehörigkeit. Sie landen in den Volkswagenwerken von Bratislava, in Kugellager- oder Holzfabriken, auf den Baustellen, in Landwirtschaftsbetrieben in der Slowakei oder in Südböhmen, im entvölkerten Sudetenland. Statt vertrauter Mentalität erhalten sie bei österreichischen Forstbetrieben mehr Geld. Nach Hause zurück, in diesen Landstreifen, den der rumänische Staat zur »defavorisierten Zone« erklären wird, was Steuererlaß bedeutet, wollen sie nicht. Die Glasfabrik im Dorf, dessen Schild viersprachig ist: slowakisch *Bistrá*, rumänisch *Pădurea Neagră*, deutsch *Schwarzwald*, ungarisch *Feketeerdö*, hat 1997 zugemacht. In der jetzigen Backsteinruine bliesen und schliffen einst zweitausend Frauen und Männer aus der Gegend Glas. Volle Busse verkehrten hier mehrmals täglich. Die Braunkohlegruben sind ebenfalls stillgelegt. Harte Güter, Glas und Kohle gibt es nicht mehr; statt dessen bringen italienische Investoren weiches Material in die Talstadt *Aleşd* – Leder und Stoffe, die sie von den Arbeiterinnen für umgerechnet 80 Euro monatlich zu Schuhen und Konfektionskleidung zusammennähen lassen. Den neuen fremden Ausbeutern sei Dank.

Arbeitslosigkeit ist die Norm, die entlassenen Frauen und Männer brennen zu Hause *pálinka* aus Korn, Zwetschgen, Pflaumen und Kirschen, hacken Holz, pflügen von Hand die kleinen Äcker hinter dem Gaul her. Und wer kein Pferd hat, der spannt die Kuh ein. Die Hügel mit schöner Aussicht auf den Himmel gehören den Slowaken, doch wendet man den

Blick mit Aussicht auf den Ertrag dem Boden zu, gibt dieser wenig her, während die Ungarn und die Deutschen die fruchtbare Ebene erhielten – so sehen sie es. Verdingen sie sich, gelten die Slowaken als gute, ehrliche Knechte mit klangvollen Liedern. Jede Volksgruppe hat ihr eigenes Selbst- und Fremdbild, die Opferrolle und den Dünkel, doch angesichts der bunt berockten Frauen und Männer mit schwarzen breitkrempigen Hüten sind sich plötzlich alle einig, daß die Roma, die wie Aussätzige oft am Dorfrand leben, bloß ein Verhältnis zu den anderen haben – ein nehmendes. Die Frauengrüppchen, die mit Säuglingen in Hängetüchern von Bauerntür zur Bauerntür gehen, ähneln den ewig Irrenden, die durch ihre ausgestreckte Hand sagen: Gebt uns unseren verlorenen Platz zurück, seit Jahrhunderten wollt ihr ihn uns nicht zugestehen. Die Ordensschwester beeilt sich, die Schule zu schließen, als die Roma-Arbeiter, die das Schuldach reparieren, hineingehen wollen. Der füllige *Bulibascha*, der Boss, wahrt seine stolze Haltung: »Schwester, wir stehlen doch nicht, auch wir sind Gottes Kinder.« Sie senkt betroffen den Kopf.

21100 Menschen zählt die slowakische Minderheit in Rumänien, verstreut im Nordwesten des Landes, 8000 sind es in Bihor, 7500 in Arad, 2500 in Salaj und 3100 in Timiš – in rein slowakischen oder gemischten Siedlungen; ganze Dörfer sind auch polonisiert oder magyarisiert worden. Die Angst vor der Auflösung prägt die Gemeinschaft eines kleinen Volkes, die das Außen reflexartig als Angriff auf ihre bedrohte Existenz deutet. Eine doppelt enge Welt, der Rückzug auf sich selbst ist jedoch auch die Gewähr, daß sie erhalten bleibt. Und Gedrucktes und Erzähltes kann sie weit öffnen. Im Winter sind die Dorfbibliotheken wie ausgeraubt, die kommunistische Tschechoslowakei hat sie mit Weltliteratur gut beliefert.

Wenn die Wege von Schnee verweht sind, weben die Frauen und sticken. Lange bunte Tücher umrahmen niedrige

Türen, hausgemacht sind Bett- und Kissenüberzüge. Ganze Leinenrollen liegen bereit für die Aussteuer, und lang waren die Geschichten, die vor der Elektrifizierung – in *Gemelčička* erst 1994 – erzählt wurden. Nun schaut man lieber den slowakischen Fernsehsender »Markíza« und hört die Nachrichten im slowakischen und tschechischen Rundfunk. Die erzählten Märchen von Karol Valíček aus Šariany in Bihor, einem Vertreter der letzten Generation talentierter Volkserzähler, hat der slowakische Künstler Karol Plicka aufgenommen, sie sind 1995, liebevoll illustriert und bearbeitet, in Bratislava erschienen.

Kein Märchen kommt ohne den Wald aus, ohne den Fluch und den weisen Rat dagegen und ohne die bitterste Armut dreier Kartoffeln für eine große Kinderschar. Und das Wunder des Reichtums, das auf die unvernünftige Großzügigkeit des Tölpels folgt – die Letzten werden die Ersten sein. Lieder und Märchen waren ein die Gemeinschaft stärkender Besitz, den die Holzfäller in die Fremde mitgenommen hatten – hinter der lokalen Ausschmückung sind die Motive der slowakischen Volksdichtung erkennbar.

Das Harmoniebedürfnis im slowakischen Volkscharakter wird in dieser Enklave gesteigert gepflegt. Man plustert sich nicht zu einem stolzen Raubvogel auf. Wir sind *holubičí národ*, das Täubchenvolk. Ein Patriarchat mit traditionell weiblichen Qualitäten: Sanftmut, schlichten, die eigene Meinung zugunsten der Gemeinschaft opfern, sich aussöhnen.

Zwischen Herzlichkeit und Strenge wird das Entgleisen im Alkoholrausch toleriert. Darauf folgt Reue. Und das Rurale: auf dem Überlieferten beharren, das Neue mißtrauisch als unnütz und gefährlich abtun, warten und ertragen, und sich im kleinen Kreis des Gewohnten drehen. Und die Erfahrung jener, über die stets die Herren entschieden haben: den Rücken durch alle Wirren gebeugt, auf Schläge vorbereitet und finster schweigend. Es ist, als habe man hier die Angst in Essig eingelegt und als Grundnahrungsmittel in

Einmachgläsern für alle Jahreszeiten konserviert, für den Hausgebrauch und für die Gäste. Noch nicht recht erwacht aus dem Alptraum des Ceauşescu-Regimes, das jedes eigenständige Tun unterdrückte, von Dekreten geprägt, die es vernunftwidrig zu befolgen galt, wagt man die neue Ungerechtigkeit nicht laut zu benennen und schon gar nicht, sie frontal anzugreifen. Dazu fehlen die Vorstellungskraft, die Idole, die Beweise dafür, daß es sich lohnt.

Der slowakische Räuber Jánošík, der den Reichen nahm und den Armen gab, wurde vor knapp dreihundert Jahren zum Exempel von den feudalen Herren an einer Rippe gehängt. Seine Nachfolger zucken bloß die schmerzenden Schultern über den neuen Feudalismus und ziehen sich ins niedrige Haus mit den kleinen Fenstern zurück, als hätten sie schon zu viel verraten. Sicherer ist es, die Hühner zu füttern und die Kinder zu lehren, sich ja keine Flügel wachsen zu lassen, höchstens die der treuen Täubchen, die in Scharen über dem Kirchturm kreisen. Denn von den großen frechen Raben glaubt man, sie bringen Unglück. Kommt ihr lautes Gekrächze zu nah, könnte das kostbare Schwein davon verrecken. Aber der 13jährige Jurko meint nach langem Ringen leise, er wolle etwas Großes erreichen, was der Mühe wert sei. Der verbitterte Lehrer zieht ihn schnell und gnadenlos auf den Boden herunter: Ach, wo willst du schon hin? Ja, der Lehrer hindert die Jugend, sagt einer, aber vor allem daran, den gesunden Realitätssinn zu verlieren.

Im Dorf *Budonoš* (rumänisch *Budoi*) steht das slowakische Gymnasium mit Internat. Glücklich schätzen sich jene, die ihren Schulweg hierher zu Fuß schaffen, wenn auch in zwei Stunden. Die meisten Bauernhäuser sind jedoch zu weit weg, Busse fahren selten, und ein Fahrschein kostet ohnehin viel Geld. Nur wenige Bauern können es sich leisten, 20 Euro monatlich für das Internat des Sohnes, der Tochter zu zahlen. Wer hier nach dem Abitur auch die Zulassungsprüfung schafft, erhält ein Stipendium an einer slowakischen Hochschule – mit der Verpflichtung zurückzukehren. Drei fröhliche Nonnen in Himmelblau aus der Slowakei haben sich im Internatsgebäude neben dem Knaben- und dem Mädchenschlafraum hinter einem Vorhang eingerichtet. In einem Zwischenraum wachen sie nachts über die ihnen Anvertrauten, verkünden, daß Abtreibung Mord sei und hiesige Praktiken der schwarzen Messen – jemandem Böses mit Bösem zu vergelten – verwerflich. Wenn der Kopf wehtue, komme es nicht vom bösen Blick, es nütze nicht, Kohle dagegen zu verbrennen und Abwehrworte zu sprechen, sondern nur das Forschen erhelle den Grund.

Die Wände sind beklebt von Madonna und Shaggy, die Jugendlichen geben auf zwei A4-Blättern eine Schülerzeitung heraus. Die Missionarinnen wiederum, knapp über zwanzig, haben über ihre Betten das verführerische Gesicht eines jungen Mannes mit langen Haaren und durchdringenden grünen Augen geklebt – der amerikanische Schauspieler stellt Jesus dar. Zwischen der Vorzeit des Aberglaubens und dem Anschluß an die Moderne richtet sich hier der Katholizismus ein, er gibt sich weltlich, mal aufklärerisch, mal bemüht, das Rad der Zeit zurückzudrehen, er stellt Werte, Moral, Dogmen auf. Es gibt nur das Volk und die Geistlichen, der Mittelstand fehlt. Die Religion ersetzt den intellektuellen Diskurs. In der Kreisstadt *Oradea* hat der Pfarrer seine Predigt um das vielbeklagte Wort *chudoba*, *chudobný*, Armut, arm, aufgebaut. Als Fazit seiner Analyse ruft er nicht zum Bauernaufstand auf, seine Empfehlung läßt sich auch als zeitgenössisches Postulat der individuellen Freiheit, zwischen gelassener Toleranz und hartem Kapitalismus, deuten: »Gehe unbeirrbar deines Weges und lasse deinen Nächsten dort, wo er steht.«

TEUFEL IM KLOSTER, GOTT IM SCHWEFEL

Rumänische Paradoxien

2001

Als ich ihn aus der Nähe sah, wie er sich von der Ebene hochzog, sich mit schlanken Stämmen bog und mit rötlichgelben Blättern zitterte, bat ich den Taxifahrer anzuhalten, rannte zu ihm, dem Wesen Wald, als sei dies ein Zusammenfinden für immer. Ich lehnte mich an eine glatte, junge Buche, hörte dem Wald zu, wollte eine Waldhütte beziehen, aber was weiß ich vom Wald, außer, daß ich ihn überall suche? Bloße Stadtphantasien, ich werde zu den Menschen zurückgehen müssen. Der Fahrer, ein hagerer rumänischer Roma, war in die Innereien des Wagens versunken als ich kam, und pflichtete meiner Naturbegeisterung mit *frumos, frumos* bei, was ich mir mit famos übersetzte. Sonst verstand ich ihn kaum, zu seinem Wortschwall hob ich gleichgültig die Schultern hoch, worauf er noch lauter und länger redete.

Auf dem Rückweg überfuhr er einen weißen Straßenhund und drehte sich nicht einmal um. Ich mußte mir eingestehen, daß mein Kommen jemandem Unglück gebracht hatte. Ich sah durch das Rückfenster wie der Hund auf der Seite lag und unkoordiniert zuckte, als gehörten Vorder- und Hinterteil nicht mehr zusammen. Der dumpfe Aufprall des Blechs mit dem lebendigen Körper schleuderte mich in die Benommenheit hinaus. Ich verlor den Boden unter den Füßen, blieb untätig und ließ den Täter weiterfahren, deutete sein Verhalten als lokale Hundeverachtung und fühlte mich unfähig, in einem Dorf neben einer verrosteten Fabrik, der Sitten und der Sprache unkundig, dazu noch am späten Abend, Rettung für einen verletzten Aussätzigen zu suchen. Es war auch meine Flucht, und ich befürchte, diese hat die

Eigenschaft, sich solange zu wiederholen, bis die Konfrontation gewagt wird. Der Fahrer hielt eine Rede, in der er offensichtlich dem Hund die Schuld zuschob. Ich wiederum dachte: schau mal her, du bist also kein guter Mensch.

Eben hatte ich ihn als einen gottesfürchtigen Kindskopf ausgemacht, als er sich verfuhr und mich statt in einem Dorf auf einer Waldlichtung mit einem orthodoxen Kloster auslud. Hier stieg er aus, als wären wir am Ziel. Vor einem schloßartigen Gebäude kochte eine Alte in Schwarz auf offenem Feuer. Der Fahrer verbeugte sich grüßend und redete auf sie los, doch langsam und sanft. Sie richtete sich auf und hörte ihm regungslos zu, als wäre jedes seiner Worte ein Ereignis, das sie jedoch nicht viel anginge. Ich tat keinen Schritt, und da öffneten sich selbsttätig meine Hände, die frierend und angespannt zu Fäusten geballt waren, als würde ich nun die Führung abgeben. Ich mochte den Ort, die Ruhe, mochte die gesteigerte Aufmerksamkeit, die Situation der Betrachtenden, meine Sprachlosigkeit, das Fremdsein und mein Ankommen hier.

Da kam über den Hügel eine sehr junge Frau im wollenen Kopftuch und einem schwarzen langen Rock. Sie ging lächelnd und leise auftretend zu uns hinunter. In den Händen trug sie einen sich vor dem dunklen Hintergrund abhebenden frisch gepflückten Petersilienstrauß. Als sie uns erreicht hatte, betrachtete ich ihre blasse Haut mit den weichen Gesichtszügen und großen mandelförmigen Augen. Ich war einem harmonischen Menschen begegnet, an einem Ort, der die Dinge in Bezug zueinander brachte und die Zeitabläufe ebnete, so daß es zeitlos wurde. Die Erscheinung dieser Frau konnte genauso aus dem Altertum sein wie auch gestellt für ein zeitgemäßes Modejournal. Ihre Schönheit, ihr Bekenntnis zur Nonne war Fiktion und greifbare Wirklichkeit zugleich. Was fühlte und dachte sie? Ein Mädchen, das im realsozialistischen Rumänien auf die Welt gekommen war, den postrevolutionären Niedergang kannte und den Weg der

Weltentsagung gewählt hat. Hat sie ihn gewählt? Über ihrem rauhen Gewand trug sie eine ärmellose Nylonweste mit dem Schriftzug *Nike*. Sie legte den Petersilienstrauß auf einen Stein und führte uns ins Kloster. Sie ging mit den Gaben ihrer Jugend so um wie mit der Petersilie.

Das Kloster war im Erdgeschoß bewohnt, der Rest des zweistöckigen Gebäudes wurde gerade renoviert. Wir stiegen hinauf. Die Nonne erklärte, daß dem Kloster die finanziellen Mittel zur Fertigstellung fehlten. Der Umbau, die kühle Luft, das Knarren unserer Schritte auf den Brettern, ich ergab mich dem reinen Schauen, geriet in einen poetisierenden Zustand, in dem sich Bewegungen verlangsamten, Farben intensiver und Töne klarer wurden. Drei Menschen fanden hier zusammen, da die eine reist, der andere die Reisenden fährt und das Kloster Zulauf bekommt. Wir blieben in einem Dachraum stehen, wohin durch unverglastes Fenster starker Sonnenstrahl hineinschien. Die Konturen zwischen Licht und Schatten waren scharf.

Als wir wieder hinaustraten, schlenderten über den Hügel acht junge Nonnen zu uns herüber. Ein verschmitzt lachendes Mädchen bat mich, Englisch zu sprechen. Sie hing mir an den Lippen und wandte sich dann auf Rumänisch an die anderen, was aufgeregtes Tuscheln unter ihnen auslöste, als legte man Worte wie Äpfel auf die Handfläche, schaute sie an, bevor man sie anbeißt. Die Nonnen stellten eine Galerie von Böcklingemälden dar, jede anders verhüllt, unterschiedlich lebhaft, mit irgendeinem Kraut in der Hand. Sie schauten mich offen an wie ein Wunder. Wieso wünschte ich im Kloster zu übernachten? Es sei kalt, kein fließendes Wasser, kein Komfort, wandten sie ein.

War nicht das Nonnengewand für die Frau über Jahrhunderte hinweg die einzige Möglichkeit, sich der Macht des Mannes zu entziehen? Doch das Frauenkloster war dem Mann nicht entkommen. Bald kam ein Jeep, aus dem sich ein junger Priester schimpfend herauslehnte, weil unser Wagen vor der Klostertür parkte. Die gleichgültigen Gesichter der Nonnen zeigten eine Gewöhnung an solche Szenen. Später sah ich den Priester wieder, und das Grimmige und das Herrische war von ihm nicht gewichen.

In der Kreisstadt Oradea ging ich in die Wohnung einer alten Dame, einer Deutschstämmigen, bei der ich mich einquartiert hatte. Sie behandelte mich wie eine Blutsverwandte, mit einem für mich zusammengestellten Programm und Ängstlichkeit vor meinen selbständigen Plänen. Sie wärmte einen alten Tee auf, erzählte von früher. Die Zweizimmerwohnung war seit Jahrzehnten gleich geblieben, bloß die Dinge verkamen. Das Fenster durfte nicht geöffnet werden, da es nicht zu schließen war, die Toilette durfte nicht gespült werden, da sie, einmal in Fluß geraten, nur noch zu spülen verstand, die Türen sollten nicht geschlossen werden, da sie quietschten, den Küchenhocker durfte man nicht verschieben, damit er sein Bein nicht verliert. Wenn ich das Licht anmachte, seufzte die Gastgeberin, daß der Strom zu teuer sei.

Als ich um Honig in den Tee bat, holte sie einen kümmerlichen Rest hervor: Der ist für Morgen. Ich sah ihre Trauer über ein verbranntes Streichholz und ihre Freude, als ich ihr ein Feuerzeug schenkte. Sie hatte aber ihren Stolz und meinte, sie habe alles, was sie brauche, und es sei warm bei ihr. Sie öffnete den Kühlschrank, deutete auf Brot, zwei Hühnerschenkel und ein Glas Milch. Es wurde spät, die Konversation stockte, und die abgeschlagenen Dinge, die sich mir in den Weg gestellt hatten, halfen mir. Die alte Dame wurde müde, mich in ihrer Gesetzgebung zu unterweisen. Da wagte ich, ihre Gastfreundschaft zu verschmähen. Sie war erleichtert und traurig zugleich und küßte mich fest auf die Lippen: Gott behüte dich.

Vor Mitternacht stand ich mit meinem roten Koffer im eisigen Wind auf der menschenleeren Straße unter dem Sternenhimmel, fühlte mich stark und aufbruchbereit. Mein neuer Fahrer hätte mich ans Ende der Welt gefahren, er war höflich, korrekt mit dem Preis und sprach Englisch, das er von CNN gelernt hatte. Er war ein Nachtfahrer und ein Pfarrerssohn und erzählte, er sei ein Pechvogel, aber an einem schwarzen Tag hatte er Glück gehabt – er hatte seine Frau kennengelernt. Ein zweites Glück habe er noch nicht gefunden, aber das erste sei riesig genug. Er setzte mich im Klosterhof ab. Die Zelle war sauber und angenehm leer. Wie leicht atmete ich ohne die lange und verknotete Geschichte eines anderen Menschen! Nur ein Bett, eine Kommode, ein Stuhl und an jeder Wand ein Jesusbild – einmal saß Christus beim letzten Abendmahl, einmal hing er am Kreuz, und da stieg er schon vom Kreuz hinunter, tanzte mit prallen Schenkeln davor, das Kreuz trat in den Hintergrund, überwuchert von großen Trauben. Ich hörte Gesang von der Kirche nebenan, bis ich einschlief, und morgens wieder, als ich aufwachte. Die Luft war frostig und rein. Schwarze Gestalten huschten mit gesenkten Köpfen an der weißen, frisch gestrichenen Klosterfassade entlang.

Immer wieder erlebte ich auf der Reise, daß mein Kommen ein Innehalten bei den Einheimischen hervorrief, als gebe es kaum Fremde, die den gewohnten Ablauf durchbrechen, als meinten die Menschen, Gott habe sich endlich ihrer erinnert. Dies rief bei ihnen Entrücktheit und Dankbarkeit hervor. Sie fragten bloß: Woher kommen Sie? Nachdem ich diese Neugier befriedigt hatte, erzählten sie von sich, von ihrer Gegend, eben vom Ort meiner Bestimmung. Für sie bestand ich nur aus diesem Streben, hier anzukommen. Ihre Freude über mich wechselte mit Mißtrauen, als wäre ich eine Spionin, die ihr Vertrauen ausnützen oder die Dinge falsch sehen mag, wodurch sich ihre Lage verschlimmern könnte. Sie waren bedacht, mir das Beste zu zeigen. Ein Passant wollte mir seinen Sonntag schenken, setzte mich in den Wagen, fuhr mich an barocken Gebäuden vorbei und kommentierte sie. Im letzten Moment, als seine Jovialität zur Besitznahme zu werden drohte, sprang ich hinaus. Er rannte mir nach und zog seine Trumpfkarte heraus: Unweit ist ein Thermalbad, ich fahre Sie hin.

Ich stellte mir rheumagekrümmte alte Menschen vor und war an einer heißen Dusche interessiert. Da ich die Tasche an der Garderobe abgeben mußte, zählte ich mein Geld und wickelte es zusammen mit der Uhr fest in meinen Schal ein, den ich wiederum in den Pulli einband und diesen in der Tasche verstaute. Die junge Garderobenfrau hatte herausquellende Augen, und ich traute ihr nicht. Vieles deutete in dieser Einrichtung auf eine Kultur der Distanzlosigkeit hin – die Duschen, die Bassins, die Umkleidekabinen waren sowohl für Männer wie auch für Frauen. Wasserlachen, behaarte Brustkästen, Zuschnüren der Schuhe, laute Gespräche. Die Garderobenfrau verbrachte ihre Zeit damit, Zeugin dieser häuslichen Vertrautheit zu sein. Die Besucher waren Männer zwischen 25 und 35 Jahren, und den kleinen Rest bildeten ihre gefügigen Freundinnen. Später erklärte mir ein Einheimischer, daß nur diese neue Gesellschaftsschicht in der Lage sei, den Eintritt zu bezahlen. Für das Bürgertum auf altrömischen Resten gebaut, im Kommunismus den Werktätigen als Errungenschaft gegönnt, diente das Thermalbad nun als Zerstreuung für die örtliche Mafia. Politik und Geschichte des Landes, eingetaucht in Dampf und Schwefel.

Da hier jeder seine Sachen bei sich trug, legte ich mein Handtuch auf den Kopf, hielt es mit der rechten Hand fest und stieg so ins Bassin im Freien. Das Wasser war fast kochend heiß. Über der Treppe lagen männliche Körper, die müde zur Seite rückten. An den Bassinrändern standen träge Gestalten bis zu den Schultern im Wasser, rauchten, tranken Bier und Kaffee, aßen Pizza, lachten, in Vergessenheit der meßbaren Zeit. Einige saugten an den Lippen schlanker Mädchen. Es war Abenddämmerung, und zwischen rotem Firmament und Dampf vibrierte die kalte Luft von rumänischen Schlagern. Ein riesiger Mann, der seinen breiten Brustkasten wie einen Felsen durch das Wasser schob, glich dem letzten Gladiator. War hier nicht das alte Rom? Er stieg flink über eine verkrümmte Leiter hinaus, schüttelte sich, und mit einem Schrei sprang er kopfüber hinein. Niemand von den sich zu Tode Suhlenden wunderte sich darüber. Er stieg wieder hinaus, stampfte zu der ohrenbetäubenden Musik, nahm einen Schluck Bier und sprang weit spritzend hinein. Ob man schrie, Pizzabrocken ausspuckte oder geräuschlos ins Jenseits glitt, nichts schien hier ein Tabu zu sein, und da ging mir das Lebensrätsel auf.

Das Bad mit dem Namen »Felix« führte die Vorstellung von Thermalbädern, ihrer Nützlichkeit für die Gesundheit, ad absurdum. Gab es hier nicht jeden Sonntag einen Herzinfarkt? Keine Warnungen, keine Vorschriften. Auch ich entfernte Tafeln aus dem Kopf, die Vestandesgrenzen lösten sich im Dampf auf, ich sorgte mich um nichts, erinnerte mich an nichts, suchte nichts, ich berührte den rissigen blauen Bassinrand, bewegte im Zeitlupentempo meine Beine wie Flossen und betete die Welt so an, wie ich sie fand. Nach dem Bad sah ich unter dem Baum einen herrenlosen Hund auf gelbem Laub schlafen, friedlich, aufgehoben. Ich sah nicht seinen harten Lebenskampf, in diesem Augenblick war Friede in seiner Hundeseele, in der Laubseele, in der Luft, in mir. Ich kam zu großen, vertrockneten Seerosen auf hohen Stengeln, die aus dem heißen Weiherwasser herausragten, der Dampf umhüllte sie. Es gab Rettung, der Planet war umhüllt von ihr wie der Hund vom Laub.

Als ich an der Garderobe meine Sachen abholte, fiel mir der veränderte Blick der Garderobefrau auf. Er war intim geworden. In der Umkleidekabine begriff ich es – die Tasche war durchwühlt, das Geld neu gezählt, die Uhr begutachtet, die Taschenlampe angeknipst. Sie leuchtete auf die Tat. Hatte die Garderobefrau Sehnsucht nach der Fremde und machte sie ihre Fernreisen in den Taschen anderer? Eine Fetischistin? Sie wurde ausgelassen mit mir, als seien wir uns nah gekommen. Ich öffnete den Mund, um ihr zu sagen, daß ich weiß, was sie getrieben hatte. Doch ich ließ sie sein, dort, wo ich sie fand, auf Taschenreisen. Ich erinnerte mich an eine Episode, die mir ein russischer Dissident erzählt hatte: Ein Taschendieb bat ihn um seine Hausschuhe und drehte darin einige Runden in der gemeinsamen Zelle. Der Dissident war angewidert vom Zeichen der kosmischen Langeweile eines kleinen Geistes, aber der Mithäftling, der hier sein achtes Jahr verbrachte, freute sich über die Abwechslung.

Es war schon nachts, und eine französisch sprechende Nonne hatte mir aufgelauert, sie warte den ganzen Tag auf mich, flüsterte sie, und ich lud sie in meine Zelle ein. Sie hieß Justina und war 24 Jahre alt. Später meinte der Taxifahrer, diese Frau habe ihren Frieden gefunden. Stellte er sich das Klosterleben als eine Konserve für innere Ruhe vor, die die Novizin beim Eintritt ausgehändigt bekommt, um sich daraus zu ernähren? Justina sagte gleich das Wort *diable* und daß der Nonnenschwur darin bestehe, ihm den Kampf zu erklären. Er sei überall, er tarne sich, er sei *réel*. Sie war bleich, mit blau angelaufenen, zusammengepressten Lippen.

Ich ertappte mich dabei, daß ich mich schuldig fühlte, als wäre ich unrein, als hätte sich der Teufel in mich eingeschlichen, um Justina in dieser Tarnung heimzusuchen. Sie erklärte aufgeregt, daß der Teufel im Stolz sitze, in der Anmaßung, daher verpflichte man sich im Kloster zu Armut, Keuschheit, körperlicher Arbeit. Dann holte sie zum Kerngedanken aus, daß das Leben im Kloster viel härter als das in der Welt sei, da hier der wirkliche Kampf stattfinde, der in einem selbst. Sie vekündete: Hier kann man sich selbst nicht ausweichen. Aber Justina, gab ich zu bedenken, Sie sind sehr stolz darauf. Sie senkte den Kopf, und in der Demutsgeste erblickte ich wiederum ihren Stolz darauf, sich den härtesten Kampf ausgesucht zu haben und auch noch demütig sein zu wollen. Wenn Jugend sich für den schwierigsten Weg entscheidet, liegt darin nicht große Schönheit? Ich hätte ihr gerne gesagt: Mädchen, es ist recht, daß du stolz bist, du bist stark und klug, liebe deinen Stolz und preise dich in allem. Doch ich wollte ihren Panzer, den sie zum heiligen Krieg trug, nicht aufweichen, dachte nachts nach und sagte ihr am nächsten Morgen zum Abschied: »Sie sind eine Kriegerin.«

Sie stand vor mir, empfindsam, chronisch unausgeschlafen: »Wir singen und beten bis zwei, drei Uhr nachts, und um sechs Uhr morgens fangen wir wieder an, tagsüber arbeiten wir.« Ich fragte sie, wieso auf der Glasmalerei in meiner Zelle Christus solch ein breites Becken habe und wie ein Heide tanze. Und wieso die Weintrauben größer als das Kreuz seien. Sie lachte: »Das ist die Mystik von Bihor, sie ist irdisch. Die Auferstehung des Herren bringt Freude auf Erden.« Dann fing sie an, mit der Verliebtheit einer Jungvermählten von ihm zu sprechen: »Schon als Kind konnte ich ohne IHN nichts tun, nicht einmal eine Zeichnung in der Schule anfertigen. Die Großmutter nahm mich oft in die Kirche, lehrte mich, mich an IHN zu wenden. Ich bat IHN um alles: Jesus Christus, hilf mir! Ich studierte französische Literatur, hoffte Zuflucht zu finden bei dieser jüngeren Schwester der Religion. Aber sie genügte mir nicht. Nach dem Diplom trat ich ins Kloster ein. Ich will sobald als möglich das ewige Leben. Dies ist nur ein Prolog.« Justina sagte *la vie eternelle* so inbrünstig, daß der Priester, der vor der Kirche stand, sie ungeduldig zu sich rief. Sie bat ihn um zwei Minuten Aufschub, hob zwei Finger in die Höhe. Dann wandte sie sich in Hast an mich.

Das intellektuelle Gesicht der rumänischen Braut von Jesus Christus bebte vor Schmerz, als sie sich bei der Fremden vor dem Klostertor beklagte: »Wissen Sie, was mir die größte Sorge bereitet? Ich will mit IHM alleine sein, aber ich habe keine Zeit für IHN!« Dann rannte sie zu den anderen aufs Feld.

IN DER BAHN, AUS DER BAHN

Eine Reise durch die Ostslowakei und das Tatragebirge

2002

Am Samstagnachmittag fährt auf dem Korsoplatz in Košice (Kaschau) ein Bähnchen auf alten Schienen, geduldig gezogen vom stattlichen grauen Pferd, es fährt im Kreis um die gotische St. Elisabeth-Kathedrale: am laufenden Band wird geheiratet, schwarz der Bräutigam, weiß die Braut, die Gegensätze werden vermählt, in die Bahn gebracht. Ein frischer Bund fürs Leben tritt aus dem Kirchentor, spaziert zur Fontäne, diese spritzt hoch und fällt im Takt zur klassischen Musik, es wird fotografiert, und Passantinnen begutachten das Brautkleid, und das nächste Paar tritt mit seinem bunten Schweif von Verwandtschaft in diese größte Kirche der Slowakei, und das übernächste wartet, und das überübernächste reiht sich in die Warteschlange ein. Und der Himmel ist tief. So war das hier geregelt in Österreich-Ungarn, zu Zeiten der kapitalistischen Tschechoslowakei, in der Slowakischen Republik von Hitlers Gnaden, so bewahrte man sich im Rahmen der sozialistischen Tschechoslowakei, und so lebt man fort im ersten Jahrzehnt der ersten unabhängigen Slowakischen Republik, so sanft, so gepflegt und jung und fügsam, als ob alles vergessen wäre: das Joch, die Kriege, die Umstürze, die Diktatur, die Zeiten der Not. Dabei sind wir wieder inmitten einer schweren Zeit.

Die Speisekarten quer durchs Land verraten es nicht, sie überbieten sich wie eh und je im Angebot an üppigen Fleischgerichten. Mögen Sie das Rind nach Räuberart? Und dazu Knödel zur Besänftigung oder gleich eingebacken im Käsemantel, getunkt in dicke Tatarsauce und anschließend reichlich Mehlspeise, übergossen mit Schokolade, gekrönt mit

Schlagsahne, bestreut mit gemahlenen Nüssen, gepaart mit Puderzucker ... Und natürlich bietet schon die Frühstückskarte hauptsächlich allerlei Berauschendes an. Wenn essen, dann richtig, wenn leben, dann heute. Doch der sinnenfrohe Schein trügt, die traditionelle Maxime ist noch da, sie aber bis zu den Restauranttischen zu befolgen, ist nicht mehr leicht.

In Kurort Bardejov (Bartfeld) plätschert das ein- bis zweiwöchige Sein zwischen der Moorpackung, dem geduldigen Anstehen vor der Heilquelle – auch die kränkelnde Kaiserin Sissi machte hier 1895 die Trinkprozedur mit – und dem Verdaungsspaziergang dahin; es plätschert im Becken, eingelullt von den vorgeschriebenen 28 Grad drehen sich Kurgäste, embryonal gemächlich um die eigene Achse, flüstern Belangloses auf polnisch, slowakisch, ukrainisch, tschechisch, russisch. Ein slawischer Treffpunkt, ein friedliches Babylon, wo sich zumindest sprachlich alle verstehen, wo es paradiesisch egal ist, wer wie spricht, wer wohin gehört – die nachbarlichen Vorurteile scheinen hier und jetzt überwunden, die Polen sind nicht alle Schmuggler, die Tschechen nicht geizig, die Slowaken nicht dümmlich, die Ukrainer nicht grob, die Russen nicht eines jeden Feind. Die Einheimischen machen die Versöhnung vor, ihr Šarišdialekt verschiebt die nahe slowakisch-polnische Grenze, verschiebt die Betonung auf jedem Wort von der slowakischen ersten auf die polnische vorletzte Silbe und verwischt die Trennung gar mit seinen vielen Zischlauten. Im Gespräch rattert die Rezeptionsdame selbstbewußt auf slowakisch los, und der neureiche Großrusse sucht angestrengt nach vertrauten Wörtern in der kleinen slawischen Sprache. Der ehemalige verhaßte Okkupant paßt sich an, er ist nun ein Kurgast wie jeder andere.

Man spaziert in Familienverbänden, in Grüppchen, selbst die Holzstatuen stehen in Bardejov im Halbkreis auf dem Rasen, alle aus demselben Holz, gleicher Lackanstrich, ergebener Gesichtsausdruck, Augen mal geschlossen, mal visionär ins Weite blickend, doch die Annahme, daß sie von ein und demselben Bildhauer kreiert wurden, ist verfehlt – nicht einer erschafft Vielfalt, sondern viele erschaffen Ähnliches. Aber das verbrüdernd trüb-grüne Bassinwasser hat den Menschen auf die Vereinzelung nicht vorbereitet, je wärmer es war, um so mehr friert es dann auf dem Boden der Realität, es tut weh, sich ausgeliefert zu sehen, da sehnt man sich nach den dicken Himbeerbuchteln in zerlassener Butter, auch in politischen Belangen.

Ruthenische Männer in Tracht singen für die Urlauber mal von der durch die herrische Mutter verhinderten Liebe, mal von *vandrovati*, in die Welt hinausgehen, aus Mangel an der passenden Braut, doch sie selbst sind dageblieben, während ihr berühmtester Nachfahre, Andy Warhol, seinen Ruhm der notgedrungenen Auswanderung seiner Eltern verdankt. In der Fremde malte er Konservendosen und übermalte Ikonen anderer, was denn sonst. Hier wäre es ihm nicht gegönnt gewesen, sich so hervorzutun. Direkt an der polnischen Grenze im slowakisch-ruthenischen Dorf Ruská Vol'a, Russische Freiheit, gibt es nicht die Freiheit, sich abzusondern. Das Leben ist immer noch hart, und auf dem Friedhof ruhen Ruthenen neben Slowaken, bloß das »hier ruht« ist bei ersteren auf kyrillisch geschrieben, aber das slawische Wort bleibt stets dasselbe, nur die Endung variiert, die feinen Unterschiede eben.

Leidenschaftliche hohe Frauenstimmen in der vollen katholischen Kirche tragen die Seele davon, und bei Abenddämmerung wirft lauter Männergesang den Kurort aus der Bahn, aber nein, Trunkenheit ist in der Dunkelheit geduldet, in der Rechnung der Männlichkeit einkalkuliert. Alkoholkonsum ist hier die Weiterführung der nationalen Tendenz hin zum Irrealen, der gesellschaftlich anerkannte, gemeinsame Weg zur Transzendenz. In einer Kneipe hängen die »Zehn Gebote des Säufers« – die eine stufenweise Selbstauflösung von Glas zu Glas bis zum Fall unter den Tisch vorschreiben.

In der von den Deutschen errichteten Kirche von Levoča (Leutschau) in der Zips warnen Fresken aus dem 15. Jahrhundert vor allerlei Exzessen, die Völlerei gehört zu den Todsünden. Aber das Böse hält sich mit dem Guten die Waage – zehn Fresken des Lasters und darüber zehn Fresken der Tugend. Daneben auf dem größten gotischen Holzaltar der Welt zeigt die Schnitzerei von Meister Paul das letzte Abendmahl – eine zufriedene Runde, an der Seite Christi hat sein Jünger sorglos den Kopf auf den Tisch gelegt und scheint zu schlafen. Nur Judas ist aufbruchbereit, erkennbar an einem kleinen roten Bündel über der Schulter, und sein Gesicht wendet sich schon von der homogenen Gemeinschaft ab. Nach Levoča kommen inzwischen viele, auch Westler. Vor zehn Jahren war der alte Stadtkern wie ein Mahnmal des Zerfalls einer wunderbaren, mittelalterlichen Stadt, deren Bewohner an Mißachtung ihrer selbst und des fremden Erbes gestorben sind. Nun hat man den Wert direkt vor der Tür entdeckt, die Häuser renoviert, und der große Platz ist verstellt mit ausländischen Autos und Bussen.

Im Vorzeigedorf Ždiar in der Hohen Tatra hat eine Münchner Touristengruppe die hiesige prachtvolle Hochzeitstracht angezogen, die Senioren tanzen vor der verzierten Hütte in den buntgestickten Kleidern, formen sie nach ihrer eigenen Formlosigkeit, lachen sich krumm, spielen auf bayrisch die Vermählungszeremonie, fotografieren die Aneignung des Wilden Ostens, überspielen ihre Angst davor. Eine Begegnung, bei der man so schnell ins wertvollste Kleid des anderen schlüpft, ist wohl eher die mit der eigenen Hilflosigkeit. Nebenan hängt eine Dorffrau seelenruhig ihre Wäsche auf, ein Mann streicht sorgfältig und unbeeindruckt von der Szene seine Hausmauer an. Die Herrschaften kommen und gehen, aber sein kleines Haus bleibt. So die Hoffnung, stets von neuem.

Das fünfeinhalb Millionen zählende slowakische Volk ist ein Meister im Überdauern. Ungarische, österreichische, deutsche, polnische, türkische Herren waren hier, später auch tschechische Chefs und russische Drahtzieher, nun haben sie sich tatsächlich verzogen, wie die Nationalhymne es prophezeit: »Laßt uns anhalten, Brüder, sie werden sich schon verflüchtigen, die Slowaken werden neu zum Leben erwachen.« Das Erwachen und die Verfertigung eines konturierten Bildes von sich und der Welt braucht nach Jahrhunderten der Bevormundung Zeit. Einige haben das Pferd schon gesattelt. Unterhalb vom Hügel mit der Zipser Burgruine aus dem 12. Jahrhundert hat die Familie Hadúsovský eine *ranč* gegründet, der Vater verdingte sich zuerst im Schweizer Oberbipp als Pferdeknecht, mit dem Kapital kaufte er zusätzliche Pferde, baute eine Pension, die Mutter kocht, die zwei Töchter helfen mit, satteln den Gaul für die »Agrotouristen« – neue Begriffe für Altbekanntes. Auf einem Werbeprospekt wird in zeitgemäßem Ton zur Individualität »motiviert«: »Sie bringen die Idee, wir helfen Ihnen, sie zu verwirklichen.« Daß die Slowakei in die EU strebt, daran erinnert ein immer wieder auftauchendes Plakat, auf dem eine Familie mit nackten Hintern abgebildet ist, und der Text heißt: »In die EU ja, aber nicht mit nackten Hintern.«

Unterwegs ab und zu Zeichen des gesellchaftlichen Umbaus – hinter dem Dorf Medzev steht noch das sozialistische Kulturhaus »Družba« (Freundschaft) mit zwei Lautsprechern für die Versammlungsbefehle, aber bald wird es eine frisch gestrichene Idee mit Öko-Toiletten sein. Solche Verwandlungen treten aus den großen, dichten Buchen- und Nadelbaumwäldern unverhofft heraus, sonst fährt man durch stille Dörfer, Backsteinhäuser aneinandergereiht, hinten ein Gemüsegarten, es wird kaum gebaut, keine Werbung greift die Sinne an, ländliche Routine, alter-neuer Mangel, Ehrlichkeit im Umgang, mißtrauisch-unschuldige Melancholie, Ruhe einer gewissen Erstarrung, die jedoch jäh am

Dorfrand durch eine unkontrollierbare Emsigkeit gebrochen wird, die das Gesamtbild des Landes zerreißt: Halbnackte, schmutzige, dunkelhäutige Kinder strecken den Vorbeifahrenden Steinpilze hin, umringen den Wagen, verhärmte Kindergesichter pressen sich bittend an die Scheiben, rufen ohne Unterlaß, eine nicht enden wollende Schar von Aussätzigen rennt aus den Bretterbuden am Hang, davor offene Feuer, Säuglinge krabbeln in Pfützen herum, dickbäuchige Männer mit Schnauz blicken grimmig.

Ein Schock, ein Loch, die dritte Welt stürzt in die zweite herein, fällt aus ihr hinaus, Slums, Chaos, größte Not, an den Rand geschobene Roma-Population von einer halben Million. In der Ostslowakei dasselbe böse Erwachen fast hinter jedem Dorf. Noch lange hallen die Schreie in einem nach, auch wenn man schon in den Touristenzentren der Mittel- und Oberklasse die gediegene Mehrsterneluft der Tatrahotels atmet, schallbeschützt durch die bürgerliche Tradition gedämpfter Höflichkeit, im Polstersessel, umspielt von unaufdringlicher Klaviermusik, gesättigt durch Sachertorte, und in der Hand schäumt nur noch der rote Perlwein im böhmisch geschliffenen Glas.

Kommend vom lauten Westen, der dauernd etwas zum Lachen hat, meint man zunächst taub geworden zu sein, wenn in der Zahnradbahn, die vom Hoteldorf Starý Smokovec zur Bergstation Hrebienok hinauffährt, inmitten der Menge nur Flüsterton zu vernehmen ist. Ein Engländer hat im Speisesaal des Grand-Hotels, wo die Kellner auf Zehenspitzen und sich verbeugend bedienen, laut gesprochen, man trug es ihm nach, dem kindischen Fremden, der die hiesige Erziehung in diskreter Tonlage nicht genossen hatte. Von dem Pfad von Hrebienok nach Sliezsky dom mit einem klaren Bergsee auf 1670 Metern gibt es kein Abkommen auf Nebenwege, wer startet, wird in zwei, drei Stunden am Ziel ankommen und den anstrengenden Rückweg antreten, die Tannen und Latschenkiefern umschließen dicht diese Naturlaufbahn, als Zerstreuung bieten sich Moos und Fliegenpilze an, der Weg ist wahrlich steinern, nur Felsen und hervortretende Wurzeln, jeder Schritt muß überlegt sein, Fuß vor Fuß setzen und nichts denken. Massen hüpfen konzentriert von Stein zu Stein, von Wurzel zu Wurzel, kräftesparend, bloß hie und da ein leises polnisches, ein tschechisches, ein slowakisches, ein ostdeutsches Wort, ein leichtes Nicken wie unter Sportlern, keine Abfälle, weder sprachlich noch dinglich, ein einig Volk von Disziplinierten, kaum jemand rastet, Kinder spuren ohne Widerspruch, und auch Alte federn.

Unweit in der Belianska-Höhle gibt es eine andere Zählebigkeit – die Ausdauer des Tropfens, der sich an der Spitze des herabhängenden Tropfsteines sammelt und wartet, um gereift zu fallen, unermüdlich seit Jahrtausenden, und in den letzten zehn Jahren sind die Stalagmiten, die vom Boden in die Höhe ragen, unter der Tropfeneinwirkung um einen knappen Millimeter gewachsen. Ein Zeitmesser von festen Bahnen einer anderen Dimension. Vierzehn Höhlen sind in der Slowakei zugänglich, doch Höhlen gibt es hier Hunderte, es tropft und tropft unter der Oberfläche, es ist am Werk, langsam, beharrlich richten sich die tropfenempfangenden Stalagmiten empor, und die tropfenden Stalaktiten wachsen abwärts, eine zueinanderstrebende Bewegung, und dann – in fünfzigtausend Jahren, in eintausend oder auch schon in fünfhundert Jahren vereinigen sie sich im Dunkeln, in ständiger 95prozentiger Feuchtigkeit, außer von Touristen von herabhängenden blinden Fledermäusen begleitet. Es ist reichlich Wasser in diesem Land, es fließt von überall, es wird zu etwas, und außer dem Flüssigen gibt es einen festen Halt. Aber wozu diese Metapher? Ob es das Ziel jedes Tropfens ist, zur Bildung von phantastisch verzierten Säulen beizutragen? Wohl kaum, es ist aber schön anzusehen, das Fließen und das Werk. Und Ehrfurcht flößt es ein.

WURST, KÄSE, WODKA UND MUSIK

Goralen-Hochzeit im polnischen Tatragebirge

2000

Die Braut dreht sich, fest trippeln die unsichtbaren Füße unter dem schweren Weiß, der Kopf strebt dem Himmel zu, das Kinn ist gebieterisch nach vorne geschoben, *młoda pani*, wie die Braut auf Polnisch genannt wird, dreht sich um sich selbst. Sie ist das Zentrum. Die Goralen-Hochzeit dreht sich um sie. Männer springen nacheinander aus dem Kreis heraus, einer berührt mit der Handfläche den Boden vor ihren Füßen, als streichle er die Erde, der er verpflichtet bleibt, er gibt das Zeichen, daß er an der Reihe ist, um sie herumzustampfen. Der wirbelnde Mann besteht aus vielen beweglichen Teilen, mit den Händen schlägt er sich über Kreuz auf die Sohlen, umkreist die Frau als wilder Satellit, seine Präsenz ist dröhnend, während sie das stille und mächtige Ganze bleibt, nur ihr praller Busen vibriert, als stünde sie unter Strom, und es leuchtet der stolze Blick, und unmerklich zittern die erweiterten Nasenflügel. Einer Kerze soll die junge Frau gleichen, in der Höhe das Licht anzünden, und schon brennt sie nieder.

Noch gehört ihr die Verehrung vieler junger Männer, aber der Pfarrer hat ihr gesagt, sie müsse Abschied nehmen von der Wertschätzung der Freunde und Freundinnen, der Eltern und Großeltern, von nun an solle sie alles so tun, wie es ihrem Wawrzyniec gefällt, den sie gewählt habe, wie dieser sie, die fünfundzwanzigjährige Katarzyna, gewählt habe. Von nun an würden sie alles teilen, sich aneinander gewöhnen, Nachsicht füreinander erlernen, und – das Wichtigste – ihre Kinder, die kommen würden, ja, das hoffe man, so Gott will, im Katholizismus erziehen. *Miłość*, Liebe sei all dies.

Der Pfarrer, ein wortgewandter Anti-Utopist, entwarf einen Ehebund des Zusammenkauerns, stieß die in die Welt Hinausdrängenden in die Verpflichtung zum Allernächsten hinein und rettete sich selbst ins Zölibat.

Vorne vor dem Altar standen sie, in der farbigen Tracht der Vorfahren, den Rücken ihren Sippen und Freunden zugekehrt, es schien, sie froren in der kleinen Holzkirche so auf sich gestellt, sechs ernsten Priestern übergeben. Das Private der Liebe, das Ungezügelte wurde der Gemeinschaft zur Begutachtung, zur Regelung anvertraut. Ein grausames Ritual wurde da vollzogen – bis daß der Tod Euch scheide, Amen, und ihre rechten Hände wurden behutsam mit einem weißen Band verbunden, als wären sie von nun an verletzt, beide am selben Glied. Sie ließen es geschehen, bleich, wie erschrockene Kinder in starken, erwachsenen Körpern. Und den kühlen Herbstmorgen wärmte etwas der Glaube, sie würden all das zermürbend Kompromißhafte der Ehe zu tragen vermögen.

Und stand nicht die Gemeinde als Rückendeckung immer noch da? Und hat nicht der Pfarrer den Schmerz der Trennung von den Eltern besänftigt, als er sagte, diese sollten ihre Kinder nicht mehr lenken, ihnen aber weiterhin mit Rat und Tat beistehen? Und war das nicht auch die Welt, gar eine runde und große, diese dreihundert versammelten Hochzeitsgäste, die ihren Entschluß so warmherzig guthießen? Von überall, aus ganz Polen, gar aus Amerika sind sie gekommen. Und haben es nicht alle Älteren vor ihnen schon durchgestanden, und würden nicht die jungen Trauzeugen auch bald so im Mittelpunkt stehen? Zwei sich ineinander einhakende Glieder einer langen, einer bewährten Kette. Rhythmisch kniete die Gemeinde auf harte Holzbänke nieder und erhob sich und sang und murmelte in Demut: Vater unser, erlöse uns, und die Priester führten die Hand zum Herzen, als fächelten sie sich Luft in der Benommenheit zu, und wiederholten melancholisch: meine Schuld, meine

Schuld. Und da vermengte sich die Schuld jedes Einzelnen mit der des Nachbarn und des Nachbarn des Nachbarn, unerträglich dicht wurde es im Raum, wenn alle Versammelten ihre Herzen berührten und sich im Chor eingestanden: meine Schuld, meine Schuld.

Und als das Schuldbündnis so überhandnahm, daß das Düstere der menschlichen Existenz alle Zellen durchdrang, spielte auf einmal von der Galerie her die Musikkapelle frisch und leicht die Goralen-Tanzrhythmen, und wie durch einbrechende Lichtstrahlen hellten die vertrauten Töne die betretenen Mienen auf. Das Blut strömte zurück in die mit der Erbsünde bestraften Sterblichen, es spülte die Schuld weg, gleich den siebenhundert Litern selbstgebrannten Wodka, der als flüssiger Refrain jedes Hochzeitsfest begleitet. Wie eine ausgelassene Kinderschar verläßt man die Kirche und fährt auf zwanzig Kutschen, geschmückt mit wehenden Schleifen, zum Hochzeitsschmaus, in der warmen Decke hinter jedem Sitz die Wodkaflasche eingewickelt. Für den Weg, es soll Euch wärmen! Sieben Jahre lang dauerte es, bis der Entschluß von Katarzyna und Wawrzyniec gereift war, es gab Hochs und Tiefs, Katarzyna zeigt mit der Hand mal nach oben, mal nach unten, es war nicht leicht gewesen, immer wieder Trennung und Versöhnung. Sie trafen sich als 18jährige im Goralen-Tanzensemble, tanzten und sangen ihre Folklore auf Bühnen der halben Welt, in Johannesburg, Wien und Prag. Professionelle Goralen, traditionsverbunden und modern zugleich.

Vorne reiten zwei Brautwerber auf schwarzen Rössern, in der einen Hand locker die Zügel, in der anderen ein halber Liter Wodka. Und wie schön sie singen, wehmütig und hoch. Schon morgens kamen sie vors Haus der Braut, geschickt vom Bräutigam, ritten den Weg von seinem Tal auf ihren Berg von Zakopane hinauf, wurden im Vorhof freudig begrüßt. Die von den schlaflosen Nächten voller Vorbereitungen blasse Braut schenkte ihnen ein noch steifes Lächeln und dazu je ein Glas Wodka, und sie tranken es auf ex, ohne vom Pferd zu steigen, und sangen vom Bräutigam, daß er zu kommen wünsche. Gemächlich ritten sie dann zurück, sich wiegend im Sattel, in der Kutsche hinter ihnen die Freundinnen der Braut, um den Bräutigam zu holen, ihn in ihre Mitte zu setzen. Ernst steht er im Filzmantel und Hut vor dem reichen elterlichen Haus inmitten seiner Gefolgschaft. Es war seine letzte Kindnacht, wehmütig ist ihm dabei. Katarzyna, die eigenwillige, die einzige Tochter will nicht bei ihm wohnen. Also wird Wawrzyniec zu ihr ziehen. Und sie werden bauen, allmählich, wie das Geld kommen wird, ihr eigenes Heim.

Zehn, zwanzig Jahre werde es dauern, bis sich Wawrzyniec an das Hinausziehen aus dem Tal gewöhnt hat. Wird er dort jemals ankommen? Und stets bleibe er seinem Tal treu, schwört er. Es ist, als ziehe der kräftige Bursche über siebzig Berge und siebzig Täler hinaus. Eine halbe Stunde Wegs kann schon Exil sein. Seine Mutter weint, sein Vater weint. Der schwere Verlust im Tal. Auf dem Berg ist die Macht gewachsen. Und erst, wenn der Nachwuchs kommt! Die Mutter der Braut strahlt siegessicher, stolziert herum, eine aufgeplusterte Glucke, gibt Anordnungen, richtet die Schleifen der Trauzeuginnen, lenkt das Programm, tanzt und trinkt mit und bietet dauernd zu essen an, nehmen Sie, noch mehr, noch mehr, überall ist die Hand der großen Regisseurin, unermüdlich, speist sich vom erreichten Glück.

Schließlich steht sie für das Hochzeitsessen gerade. Und wie gerade sie steht! Das ist ihr Werk, mit eigenen Händen und denen vieler Gehilfinnen hat sie tagelang gekocht, gebraten, gebacken und all die Augenweide hergerichtet und sie bezahlt. Zur überall sichtbaren Eßorgie gehört als Wichtigstes: die nötigende Gastfreundschaft. Die Tische müssen zwei Tage und zwei Nächte lang zu jeder Minute voll sein. Schon der Anblick sättigt, der Geist richtet sich im Gaumen ein. Gemüsesuppen, große Fleischkeulen, Kartoffelpüree,

Reis, Rollmöpse mit Zwiebeln, Schinken gerollt um Meerrettich, Pasteten, farbige Salatbeete, dicke meterlange hausgemachte Würste, Hunderte aufgefächerte Scheiben von geräuchertem Hirtenkäse, Kuchen zu Bergen aufeinandergeworfen, und daneben stehen rosarote Limonadenfläschchen wie süße Kinder. Und die feine weiße Hochzeitstorte auf hohem Gestellt, die haben die Brautleute aufgeschnitten. Man überißt sich, in Dankbarkeit gegenüber dem Irdischen, der Frau Mutter, der Zauberin, als schöpfe diese aus der Gnade des Tischleindeckdich.

Der Vater des Bräutigams geht wie Rotkäppchen zwischen den Tischen herum, aus seinem Körbchen zieht er gelbbraunen Wodka, entkorkt die Flasche: *za młodych*, auf das junge Paar, und immer wieder dreht er seine Runden mit vollem Korb, sein Gesicht strahlt, als verteile er die Güte selbst. Wochenlang hat er den Wodka mit seiner Frau gebrannt, er weiß, was er zu Ehren seines Lieblingssohnes anzubieten hat. Es soll an diesem unvergeßlichen Tag so viel und so ungehemmt Wodka fließen, wie unaufhörlich die Musik spielt. Wodka und Musik, das ist die Sache der Männer. Drei Kapellen hat er bezahlt, eine für die Goralen-Folklore, eine für die polnischen Schlager, und als Krönung erscheint das Zigeunertrio.

Zu einer Goralen-Hochzeit gehören vier Dinge: Wurst, Käse, Wodka und Musik. Das Feste liefert die Frau, das Flüssige, das Ephemere kommt vom Mann. Die Hochzeitsgeschenke nimmt eine Tante der Braut entgegen. Rechnerisch wach sitzt sie am Abend des zweiten Tages im Saal, hält zwei Zipfel ihrer Schürze auf dem Schoß hoch, und vor ihr drehen sich Gäste im Reigen, man singt zusammen, und ein Gast nach dem anderen löst sich vom Kreis und findet den Weg zur Schürze, blättert Banknoten hinein. Nur sie weiß, wieviel hereinkommt, später wird sie den Großmut, die Knausrigkeit der Gäste den Brautleuten verraten. Werden es 4000 Złoty, die Hälfte der Hochzeitskosten sein? Ein Kühl-

schrank wird herangeschleppt, Bettdecken legt man aufs Parkett, ein Mikrowellenherd und drei Mixer stehen schon da.
Früher gab es mehr Rausch bei den Hochzeiten, Männer prügelten sich, zückten auch das Messer, heute wird der wankende Vetter schnell nach Hause gebracht, am nächsten Tag wacht seine Frau über ihn, daß er ja nur Tee trinkt. Herausgeputzte Kinder rennen durch den Saal, nein, das gab es nicht, das Hochzeitsfest war nicht so eine sittsame Sache, nichts für Kinder. Das komme vom Westen, diese Nüchternheit, man zivilisiert sich, na ja. Statt des Revolvers steckt im breiten Hirtenledergurt das Handy. Das Tatragebirge öffnet sich für die Welt. Katarzyna betreibt in ihrem Haus eine Pension, sie schüttelt die Betten für die Touristen auf, sollen sie nur kommen. Sie bedient sie gerne, lächelt und fürchtet nicht um ihre Goralen-Identität. Sie steht fest auf ihrem angestammten Boden, und wendig dreht sie sich in alle Himmelsrichtungen.

MIT FERNROHR IM AUGE DES TORNADOS

2001

Eine neue Erkenntnis, die mir erst später einleuchten sollte, hat mir ein junger Mann im Erstklassabteil im Zug von Krakau nach Zakopane anvertraut. Er saß mir schräg gegenüber, mit wachem Blick, wir kamen ins Gespräch, und ich erzählte ihm, daß ich unterwegs in die Tatra zu einer Reportage über Goralenhochzeiten sei. Eigentlich sei ich keine Reporterin des persönlichen Glücks, mich ziehen kollektive Heimsuchungen an, deportierte Völker, Genozid, Flüchtlinge, Diktaturen. Daraufhin erwähnte er irgendwelche slawischen Minderheiten, die vom früheren Regime aus der Tatra zwangsumgesiedelt worden waren und nun spärlich zurückkehren würden. Das Bergvolk der Goralen wandere dagegen seit langem aus eigenem Antrieb nach Chicago aus, aber es sei noch da, ich würde es sehen, sein eigentümliches Polnisch hören, das auch Elemente des Slowakischen habe. Der Mann sprach polnisch, ich wiederum polonisierte mein Slowakisch, wir verstanden uns gut und nicht nur wegen der Verwandtschaft beider Sprachen. Es war milder Herbst, im Erstklasswaggon mit weißen Überzügen über den Kopflehnen saß außer uns nur noch ein älterer Herr, der zu den Ausführungen seines Landsmannes beipflichtend nickte. Sympathische Menschen, diese Polen, herzlich und kultiviert, dachte ich.

Als sich die Vorläufer des Gebirges hinter den Fenstern wölbten, wurde der Mann ernster und leiser. Er verriet mir seine Erkenntnis, die ich zuerst verwarf; so ungeheuer war sie mir erschienen, doch er beharrte auf seinem Fund und behauptete, die Beweise für seine Entdeckung verhärteten sich täglich. Die Prämisse seiner Theorie war: die vorrangigste Aufgabe des Menschen ist es, eigene Energien zu schonen. Daraus ist zu folgern: man muß es vermeiden, sich von hungrigen Geistern anzapfen zu lassen. Und was ist das zuverlässigste Erkennungszeichen für einen gierigen Geist?, fragte der junge Forscher und stieß zum Kernwort vor: die Wut, nämlich die Wut darüber, daß der Hunger nicht gestillt werden konnte, weil ich mich dem hungrigen Geist verweigert habe! Und diese natürliche Wut des nicht satt gewordenen Gegenübers soll uns erfreuen, und mein Mitpassagier wurde sichtbar zufrieden, er bekam ein rundes Gesicht, das von Natur aus schon oval war. An der Größe der Wut, fuhr er fort, können wir ablesen, wie gut unsere Überlebensstrategien funktionieren. Der Reisende, der als Geschäftsmann für eine Firma in Warschau tätig war, schilderte dann seine Alltagswonnen, in die ihn der aufbrausende Haß seines Mitarbeiters versetze. Da schaut er sich den Frustrierten am anderen Ende des Tisches an und gratuliert sich selbst zum richtigen Umgang. Sollte der Mitarbeiter aber liebenswürdig werden, ist Vorsicht angesagt, denn Liebenswürdigkeit überkommt den suchenden Geist, wenn er im Begriff ist, einen leerzutrinken. Wenn er den perfiden Triumph der Sattheit im Gesicht seines Gegenübers wahrnimmt, übt er zu Hause Schutztaktiken, konsultiert entsprechende Bücher, die es endlich auch auf dem polnischen Markt gibt.

Ich hatte zu jener Herbstzeit die Vorteile der eigenen Wut bereits erkannt, aber die Freuden über die fremde Wut als geistiges Ziel anzustreben, das war mir nicht einmal theoretisch bekannt, und in anfänglicher Abwehr dagegen ersuchte ich den jungen Entdecker für die Harmonie zu missionieren. Unser Überleben hängt im Gegenteil davon ab, ob wir es schaffen, die anderen umzustimmen, und nicht Bösartigkeit in ihnen auszulösen. In einer liebenden Atmosphäre explodieren die Energien, vervielfachen sich, und den Segen davon erfahren alle Beteiligten, verkündete ich. Das sei übrigens mit der synchronen Atmung leicht zu erreichen, mit der ich die anderen, statt sie noch mehr aufzuregen, zur Ruhe bringe. Zunächst synchronisiere ich ihre schnelle Atmung, ahme ihre nervöse Gestik nach und allmählich atme ich tiefer und langsamer, öffne die Gesten vorsichtig, lasse zuletzt die Arme entspannt auf den Knien ruhen, und schon synchronisieren wiederum die anderen meine Gesten und atmen in meinem Rhythmus, ohne es zu merken. Ich demonstrierte mit Einsatz des ganzen Körpers die Verwandlung von einem aufgescheuchten Huhn zur Buddha Statue. Der spirituelle Geschäftsmann schaute mir gespannt zu. Er war unterwegs zu einer Sitzung in ein slowakisches Städtchen. Wie wir uns der slowakischen Grenze, die gleich hinter Zakopane liegt, näherten, zog ich mich unwillkürlich aus dem Polnischen zurück, wobei sein Polnisch sich slowakisierte, nicht nur in der Lexik, er übernahm auch die slowakische Sie-Anrede, die direkt ist, und benützte nicht mehr die polnische 3. Person, die auf mich wohltuend höflich wirkt, als wende man sich an eine Frau neben mir, denn zum Beispiel der Satz: »Wie heißen Sie« heißt: »Wie heißt die Frau?«

Doch als ich die Vorteile der Harmonielehre begründet und eine Denkpause eingelegt hatte, fragte ich mich plötzlich, ob meine Aura etwa löchrig geworden sei, zerschossen durch die vielen tragischen Themen, denn ich bevorzuge in der letzten Zeit Erstklassabteile, und zwar nicht aus hygienischen oder snobistischen Gründen. Es liegt mir an dem hier gewährleisteten größeren Abstand zu der geistigen Verschmutzung, die sich gerne, wo Menschen sich tummeln, ansammelt und die mich leicht durchdringt. Ich verriet dem Unbekannten, daß ich zu der traditionellen Hochzeit, die am nächsten Tag in Zakopane stattfinden sollte, nicht nur aus professionellen Gründen fahre, sondern wegen eines Experimentes. Hungrige Geister, erläuterte ich, tarnen sich nicht nur in Einzelmenschen, sondern bewohnen ganze Themen, üben einen Sog gleich schwarzen Löchern aus, und ich sei oft bis über die Ohren in solchen Löchern gewesen, hatte den Themen Krieg, Gefängnis und Unterwelt, mein lebendiges Herz, die bildhafte Vorstellungskraft, den Intellekt, alle Körperzellen zur Verfügung gestellt, zur Plünderung freigegeben und bekam Fieber nach solchen Recherchen, Beklemmungen, Kopfschmerzen. Erst die eigenen geschriebenen Worte waren der Haarschopf, an dem ich mich herauszog.

Einmal habe ich mich im quadratischen Hof des Schweizer Frauengefängnisses »Hindelbank« auf den Rasen gelegt, weil ein plötzlicher Migräneanfall mein linkes Auge durchbohrt hatte. Am liebsten hätte ich mit der zweifachen Mörderin getauscht, der ich stundenlang zugehört hatte, und wäre hier liegengeblieben. Ich habe bereits mit ihr getauscht, denn nicht ich habe mir ihre Geschichte einverleibt, sondern die Geschichte hatte mich in Besitz genommen. Ich war tatsächlich im Gefängnis der Gefangenen gefangen, habe mich dem Gefängnisbild schutzlos ausgeliefert, und das gierige Bild hat mein Angebot angenommen. Erst das mühsame Aufschreiben der Gefangenengeschichten hat mir den Entlassungsschein ausgestellt, ich selbst habe ihn verfaßt.

Ich schüttelte die lästige Erinnerung ab und sagte erleichtert: Diesmal fahre ich zu einem Thema, das keine Sogwirkung auf mich hat. Wie könnte ein banales Zweierglück, das um sich selbst kreist, jemanden verschlucken! Ich bin auf der Entdeckungsreise zum Uninteressanten, was sehr interessant ist, denn ein Inhalt, der mich kalt läßt, wird mir erlauben, die Ereignisse zurückhaltend zu beobachten, meine Gesundheit wird davon unberührt bleiben, das Schreiben wird nicht mehr ein Rettungsakt sein, sondern bloßes Stenographieren. Unengagiertes Schreiben, was für eine Entdeckung! Hungrige Geister locken mit Leidenschaft, Tiefe, Leiden, Zweifel, all das Dostojewskizeug! Übrigens, die Gesamtwerke Dostojewskis im Original, die ich mal verschlungen hatte, habe ich der Müllabfuhr verschenkt. Ich redete feurig, und der spirituelle Geschäftsmann schien davon wie hypnotisiert zu sein. Ich erzählte, daß ich lange gezögert hatte, bis ich diese Reportage annahm, zuerst wollte ich mich für so was Gewöhnliches gar nicht hergeben, nicht einmal das gute Honorar lockte mich, doch nur bis zu dem Zeitpunkt, als ich die phänomenalen Vorzüge erkannte.

Als der erste Satz nämlich an einem Morgen fett gedruckt vor mir aufgetaucht war, packte ich meine Sachen und fuhr los. Ich habe diesen Satz miteingepackt, und von ihm aus werde ich alles aufrollen. Es ist beglückend, den Anfang von etwas zu wissen, was man noch nicht erlebt hat, das ist ein Wegweiser im Neuland, der dem Unternehmen die Achse gibt, den Rhythmus diktiert, und beide führen dann den Text händchenhaltend bis zu seinem Ende. Ich bin dabei unbeteiligt, brauche gar nichts zu tun, bloß daneben zu stehen und mitzuschreiben. Wie lautet der Satz, fragte der Mann. *Die Braut dreht sich um sich selbst.* Verstehen Sie den Trick dabei? Auf diese Weise bin ich in Sicherheit vor dem Thema, denn ich sehe die Braut selbstgenügsam und nicht als gierigen Geist. Ich muß ihr Unglück hinter dem vordergründigen Glück nicht aufspüren, dieses inspirierende Unglück, das für empathisches Schreiben wunderbar geeignet ist, da es Hilferufe ausstößt, an die die Worte der Schreibenden rettend andocken. Nein, eine sich um sich selbst drehende Frau evoziert keine Nähe, sondern wahrt den Abstand. Die Braut ist in dieser Bewegung nicht auf etwas aus, schließlich ist ihre Suche durch das Hochzeitsritual abgeschlossen, das Thema ist somit nicht vampiristisch, und ich muß, soll gar nichts tun. Ich stehe bloß mit meinem Fernrohr da. Der Mann betrachtete mich konzentriert, als schaute er mich wiederum mit seinem Fernrohr an.

Da kamen wir schon in Zakopane an, aus Scheu sagten wir uns nicht unsere Namen, und die Menschenmasse auf dem Bahnsteig trieb uns auseinander. Ich verbrachte sechs Tage in Zakopane, habe den ersten Satz der Reportage unter den frischen Eindrücken vergessen, als plötzlich am zweiten Tag die Braut sich selbstbewußt um sich selbst zu drehen begann. Zurück in der Schweiz stand in meinem Kopf dieses starke Bild wie inmitten eines Bildertornados, und daher stellte ich es an den Anfang, und nicht deshalb, weil ich es vorher beabsichtigt hatte: »Die Braut dreht sich, fest trippeln die unsichtbaren Füße unter dem schweren Weiß, der Kopf strebt dem Himmel zu, das Kinn ist gebieterisch nach vorne geschoben, *młoda pani*, wie die Braut auf polnisch genannt wird, dreht sich um sich selbst. Sie ist das Zentrum. Die Goralen-Hochzeit dreht sich um sie.« Die Rechnung ging auf der ganzen Linie auf: ich blieb sowohl bei der Recherche wie auch beim Schreiben außerhalb der Sache, die Reportage schrieb sich leicht, wie ferngelenkt. Ich mißbrauchte nicht meinen Körper als Medium, und er blieb intakt. Zuweilen kam es mir vor, als sei ich gar nicht in Polen gewesen, dermaßen unberührt ließ mich das Thema, als hätte ich es mir bloß ausgedacht.

Als die Reportage mit farbigen Bildern erschien, war dies nicht ein Beweis für ihre Wirklichkeit, denn die Fotos stellten das bewegliche Ereignis statisch dar, auch die Pirouette der Braut fehlte. Der Fotograf erklärte mir, die Redaktion habe eine Fotoauswahl gemacht, die dem Thema den Dreh genommen habe. Diese Leute, winkte er zerknirscht ab, wollen nur tote Folklore zeigen, sie haben das Ereignis getötet. Doch die Redaktion hat die Lebendigkeit nicht hervorzaubern können, da der Fotograf sie gar nicht geliefert hatte. Ich sah ihn in Zakopane fotografieren, im Kopf die Vorstellung der möglichen Vorstellung, die unser Auftraggeber von der Hochzeit haben könnte. In Angst vor dem Scheitern. Er war ein Mensch, der sich nur dann wirklich vorkommt, wenn er von jemandem den Auftrag bekommt, eine fremde Wirklichkeit einzufangen. Ein unbestelltes Bild käme ihm nutzlos, unexistent vor. Aber gerade die von ihm so gewollt gebrachte Fotografie zeigt die Fratze der Unwirklichkeit.

Ich unterhielt mich danach über Wahrnehmung und Umsetzung der Welt mit einer befreundeten Schreibenden, die die Ansicht vertrat, daß wir zu den Völkern, die wir vermitteln, nicht bloß mit unseren Vorstellungen hinreisen und uns selbst in die Ereignisse projizieren und diese danach als Wirklichkeit verkaufen, sondern diese fremden Kriege und fremden Hochzeiten gäbe es objektiv gar nicht, sie entstünden erst durch unser Hinschauen und Erzählen; die Welt, behauptete sie, existiere nämlich nicht, es gebe bloß sie, die Schriftstellerin, die die Welt mit ihren geschriebenen Worten zusammenhalte. Während sie sprach, wirkte sie unnahbar und ihre Stimme klang hohl, so daß ich mir diese Frau, um sie wahrnehmen zu können, ausdenken mußte. Ich goß in sie, wie in ein Gefäß, meinen Inhalt hinein. Später kam ich zu der Vermutung, daß sie sich die Welt wie ein großmaschiges Nichts denkt, und zwar nicht deshalb, weil die Welt möglicherweise so sein könnte, sondern weil diese Schriftstellerin als Mensch so durchlässig ist, daß sie sich selbst nur im Erzeugen von Sätzen erlebt, sich selbst mit Sätzen zusammenhäkelt, mit Netzen heranzieht, um sich als be-greifbar zu begreifen. Auch die Welt erlebt sie auf die ihr einzig mögliche Art, wenn sie sie mit eigenen Worten verdichtet. Eine wahre Dichterin eben.

Konnte also mein Hochzeitstext nicht anders als unwirklich scheinen, weil ich noch an meiner Vorstellung der Wirklichkeit festhalte, die stets an die Zerstörung gekoppelt ist, an die Themen der Zerstörung, die ich mir aussuche und auch gekoppelt an die Zerstörung meines Körpers, der die zerstörte Wirklichkeit synchronisiert? Mein Schreiben erschafft nämlich als Akt der Heilung und als Befreiung aus der Zerstörung jene einzige Wirklichkeit, die ich zu fühlen vermag. Wird es mir gelingen, das Nichttragische zu leben, es zu beschreiben, ihm ein Recht auf Existenz zuzugestehen? Damit die Wirklichkeit aus allem hervortreten darf und auch das Unversehrte wirklich sein kann, ohne zerstört werden zu müssen, und ohne daß ich es schreibend, ästhetisierend zusammenkleistere. Wird sich dann die Umsetzung der Welt ins Wort erübrigen, weil das Unversehrte schon da ist und ich es sehen werde? Ich kam mir vor, als taste ich mich schreibend vor, halbblind und verwundet.

Der Winter verging und auch der Frühling, ich unterhielt mich ab und zu mit eigenwillig Forschenden, forschte selbst, schrieb. Der Sommer kam, ich pendelte mich schwimmend ein, täglich fünfzig Minuten lang, im Regen, in der Hitze, beim Kraulen betrachtete ich die Lichtlinien der Wellen auf dem Bassinboden, beim Rückenschwimmen hörte ich die Vögel und schaute in den Himmel, und beim Schmetterling warf ich mich kräftig hoch. Ich war beschäftigt genug, vergeudete nicht meine Kräfte darauf, auf das Keuchen anderer zu achten und es synchron besänftigen zu wollen. Ich hatte die Theorie des polnischen Reisenden längst vergessen, als mir mitten im Sommer auffiel, daß einige mir nahestehende und sich friedlich gebende Menschen gehäuft in Wut gegen mich gerieten. Es konnte kein Zufall sein, ich beschloß, die Sache zu untersuchen. Da erinnerte ich mich an das Gespräch mit dem Unbekannten und lieh mir sein geistiges Fernrohr aus. Als ich durch die Linse seiner Theorie blickte, sah ich mich umgeben von hungrigen Geistern, die ich jahrzehntelang aufopfernd gefüttert hatte, mir vom Körper große Fleischstücke abhackend. Meine Nächsten pilgerten zur Oase und brüllten nun enttäuscht vor zugesperrten Toren. Als ich die Lage so erfaßte, lachte ich über ihre Wut, blieb seelenruhig im Auge des Tornados aller Dinge sitzen und statt als Metzgerin für andere zu schuften, nähte ich die Löcher meiner zerstörten Aura zu.

ABGESÄGTER OBSTGARTEN

Besuch in Moldawien und Transnistrien

2002

Noch ist Chişinau grün, die Not zugedeckt vom lauschigen Schatten der gleichgültig gütigen Bäume. Was ist hier geschehen, im »sonnigen Moldawien«, in diesem Sowjetklischee vom Garten Eden? Die Frauen herausgeputzt, ihre Haare geordnet, die Häuser ganz, etwas verkommen, aber gleich ihren Bewohnerinnen bemüht, den Schein der Normalität aufrechtzuerhalten. Die Angestellten gehen morgens gemessenen Schrittes allen Ernstes und heroisch dorthin, wo die Gehälter sie verspotten. Die einsamen Alten treten auf die Hauptstraße, halten diskret die Hand hin, wenn die monatliche 10-Dollar-Rente sich verspätet. Jene, die die Haus- und Schamschwelle nicht zu übertreten vermögen, verkriechen sich, sterben still, wie verletzte Tiere. Überall erstickte Schreie, gepreßt in leise, gedehnte, düstere Klagen, dazu spuckt man gemeinsam auf der Parkbank die dunkle Schale der Sonnenblumenkerne aus und behält den hellen Kern.

Auf dem Land bis zwei Meter tief fruchbare schwarze Erde, Obst- und Tabakplantagen, Weinberge rennen über sanfte Hügel, Sonnenblumenköpfe nicken in der Brise einmütig bis zum Horizont, Mais reift für das Nationalgericht *mămăligă*, Nußbäume säumen die Straßen, »Konjak« ist bereit für den Export nach Rußland. Doch in acht Metern Tiefe auf dem Grund des Brunnenschachtes glänzt eine Pfütze, der Bauer trauert: »Gott beleidigt uns, er schickt seit zwei Monaten keinen Regen.« Zum Waschen benetzt man bloß das Gesicht und zum Trinken gibt es zur Feier des Besuches selbstgemachten Wein. Was man hat, wird aufgetischt – Spiegeleier, Käse, Kartoffeln und mit den Kartoffelschalen werden die Hühner gefüttert. Das Sonnenblumenöl zum Braten kommt vom eigenen Feld. Ein Arm des Dnjestr endet im Kornfeld vor einem Wall, das trübe Wasser dreht sich am Ort, Enten und Gänse drehen sich mit. Wer reißt den Wall ein, schafft den Durchbruch? »Ach, hier tut niemand etwas fürs Gemeinwohl«, winkt der Bauer ab. Und bei jeder Dorfeinfahrt entsteigt Gott mit Bart und wallendem Haar einer Kumuluswolke, breitet fürsorglich-gebieterisch die Arme aus, und unter seinem Bild hängt auf dem Kreuz der verlassene irdische Sohn. Und die Sonne brennt erbarmungslos.

Verbrannte Felder und Wüste entdeckte hier Alexander Puschkin. Der Zar schickte den Dichter 1820 zur Strafe nach Chişinau – hier, im sogenannten »Südrußland«, sollte der freie Geist seine Frische verlieren. Der junge Petersburger Dandy langweilte sich, sah bloß Leere, und als imperialer Zeitgenosse füllte er Bessarabien mit »russischem Ruhm«. Die Zeiten, als die Russifizierung der lateinischen Bevölkerung noch Ruhm hieß, sind nicht vorbei, heute heißt sie bloß geschickter »Gleichberechtigung der russischen Minderheit«. Das Puschkinmuseum, ein niedriges Haus, in dem das 21jährige Genie mit seinem Diener hauste, duckt sich inmitten sowjetischer Hochhäuser. Der moldawische Dichter Grigore Chiper geht lieber nicht hin. Er wird den Okkupationsdruck nicht los. Tritt der leidenschaftliche Rumänischlehrer auf die Straße, schlägt ihm Russisch entgegen.

Die slawische Minderheit dominiert die Städte eines Volkes, das sich nicht einig ist, wie es sich und seine Sprache nennen soll. Grigore Chiper und andere Intellektuelle nennen sich Rumänen, die meisten bezeichnen sich als Moldawier und ihre Sprache als Moldawisch. Es ist simpler als das Rumänische in Rumänien und die Umgangssprache ist gespickt mit russischen Lehnwörtern. Grigore Chiper aber weiß: »Meine Sprache ist Rumänisch.« Er verehrt Rumänien, das westlich von ihm hinter dem Fluß Pruth liegt, dort entsteht die reiche Literatursprache eines Mircea Cărtărescu, dort ist die westliche Kultur. Weder teilen seine Landsleute diese Gefühle, noch werden sie aus Rumänien erwidert. Intellektuelle sind unter sich bei »Contrafort« – die ambitiöse rumänischsprachige Kulturzeitschrift versteht sich als Balken, der die Festung, die eigene Kultur stützt. Die Redaktion ist in einem Betonbau in Chişinau, von hier aus stützt man eher mit dem Balken im eigenen Auge den Blick der durstigen Literaten, der durch das Guckloch den westlichen Himmel nach Fata Morganen absucht.

Draußen wälzt sich die verräterische, die dumpfe Masse, die im Februar 2001 die Kommunisten zurückgewählt hat. Ekel befällt den Chefredakteur, er wendet sich ab und beginnt zu träumen: »Wenn der Blick von Präsident Bush bei seinem Herumreisen bloß auf uns fallen würde. Könnte er uns doch von den Kommunisten befreien!« Und ein Seufzer: »Das Unglück kam über Bessarabien, weil die k. u. k. Monarchie uns nicht annektiert hat. Dadurch fielen wir dem Osten anheim.« Seit zwei Jahren füllt »Contrafort« ganze Seiten mit Tagebüchern des Direktors und des Chefredakteurs von ihrer Europareise im internationalen Schriftstellerzug. Es mutet an, als würden Gefangene die Gnade der bunten Träume und der lieblichen Erinnerung ans Draußen geschenkt bekommen. In den Literaturcafés des Westens verkehren wollen, Freiheit des Wortes genießen – es ist eine einsame Sache, in Moldawien Intellektueller zu sein, wenn man das Naheliegende, das Eigene nicht liebt, die kleinen großen Geschichten der Erniedrigten verachtet, die täglich vor den Festungsfenstern überleben. Wie tun sie das überhaupt?

»Man hat uns belogen, beraubt, wir wissen nicht einmal mehr, wen wir töten sollen. Oder sollen wir uns selbst erhängen?« Der nach Sein und Nichtsein fragende Bauarbeiter fängt im Städtchen Leova während der Mittagspause einen Frosch, hält den kleinen, glitschigen Gewinn in der Hand, öffnet sie und läßt ihn in den Pruth zurückspringen. »Wir sind sanftmütig, Menschen der Ebene, hier kann man sich nicht verschanzen, bloß anpassen.« Er kehrt zur Schufterei zurück, von der er nicht einmal die Miete mit Strom und Gas zahlen kann. Und der Pruth fließt weiter. Am anderen Ufer ist Rumänien, das ehemalige Feindesland. Leova war ein sowjetisches Sperrgebiet. Heute kann man im Fluß baden. »Na und?« kontert eine nostalgische Bäuerin. »Der Pruth ist noch da, weil ihn niemand braucht, weil man ihn nicht stehlen kann.«

Wo sind die plündernden Horden, die Täter? Quer durchs Land verweisen Opfer auf diesen Krieg ohne Bomben. Auf einer Wiese Baumstümpfe in Reih und Glied, wie ein Soldatenfriedhof. Der Bauer fror im Winter, sägte die Apfelbäume ab, heizte damit. »Das ist Demokratie«, verhöhnt der Förster diesen Modebegriff, der zum »Rette sich wer kann« im neuen Experiment geworden ist. Angesichts einer abgearbeiteten Bäuerin mit einer Hacke auf der Schulter ruft er aus: »Ecce homo, der befreite Mensch!« Befreit von der Kolchose und 1993 beschenkt mit einem eigenen Acker, der sie nicht ernähren kann: »Zur Sowjetzeit war alles gut, Kolchosen, Sicherheit, Ordnung. Mit den Kommunisten wird der Wagen wieder vorankommen, wenn die Intellektuellen nicht den Stock ins Rad stecken.« Die erst 1940 aus Moskau importierte graue Diktatur des Proletariats mit Stacheldraht und gesicherter GULAG-Ration soll die einzige Blütezeit in der Geschichte dieses Landes zwischen Pruth und Dnjestr gewesen sein? Nicht einmal Utopien sind hier originell.

»Wir haben ein Identitätsproblem«, der Oppositionspolitiker Vlad Cubreacov meint sein Volk. Er selbst weiß, wo er steht: auf mehreren heißen Eisen. *Jos comuniştii*, nieder mit den Kommunisten, ruft er kräftig und befürwortet auch, daß die moldawische orthodoxe Kirche Bukarest und nicht Moskau untersteht. Deshalb wohl wurde er im Frühling von Unbekannten entführt, hörte seine Geiselnehmer russisch sprechen, verweigerte vier Tage lang das Essen, und als sie ihm endlich das überreichten, was er wollte – die Bibel –, überkam ihn die Erleuchtung. Zuerst wurde er innerlich, dann auch äußerlich frei, nun verbindet er die höhere Ebene mit praktischer politischer Arbeit, strahlt und organisiert eine Demo – ein erfüllter Mensch hat in Moldawien Seltenheitswert. Doch das, was er hat, fürchtet er zu verlieren. Er läßt eine Kassette spielen, der rumänische Schlager ist zum Lied der Christdemokraten geworden – eine Frauenstimme ruft ihrem Liebesobjekt zu, er könne sie zertreten, zerfleischen, im Wasserglas auflösen, auf den Meeresgrund versenken, in alle Winde zerstreuen, bloß, so der Refrain: *Dar să numi iei niciodată dragostea*, nimm mir nie die Liebe weg! Nach so vielen Selbstverlusten, der Raub der Liebe – wohl eher ein Abhandenkommen durch eigenhändiges Wegwerfen. Was ist hier noch nagelfest, nicht gefährdet? Cubreacov erklärt, im Lied gehe es um Heimatliebe.

Ein gerader Rücken zeichnet den Politiker aus, es ist leichter, ihn aufrecht zu halten, wenn Straßburg dahintersteht – Cubreacov klagte dort, und Chişinau mußte das Religionsgesetz ändern. Seit Juli kann die Oberin im Kloster Hîncu entscheiden, ob sie weiterhin dem Moskauer Patriarchen gehorchen will oder aber dem Bukarester. Sie ist vielmehr damit beschäftigt, den Teufel zu vertreiben, der um so frecher werde, je mehr in der dreihundert Jahre alten Kirche durch stundenlanges Beten und Singen »der Mensch zur Güte schmilzt wie Gold in der Glut«. Die Hände der Oberin sind unruhig, sie nimmt ein Bild von der Wand: »Hier ist das Jüngste Gericht mit der Hölle für die vom Weg Abgekommenen.« Doch nicht nur der Teufel fliegt gerne dorthin, wo er fanatisch abgewehrt wird, auch willkommene Schwalben haben ihre Nester an die Kirchenmauer geklebt und ziehen tiefe, rhythmische Kreise über den Klostergarten, in dem die Blüten ob dem unablässigen Lob der Schöpfung riesig geworden sind und betörend duften. Neben der Kirche kniet ein aus Stein gehauener Mönch mit verdecktem Gesicht vor einem Kreuz mit rumänischer Inschrift: »Dein Wille geschehe.«

Vor 1940 gab es in Moldawien 1090 Kirchen und 28 Klöster mit über 1500 Nonnen und Mönchen. Die Sowjets demolierten die Stätten des Glaubens oder funktionierten sie in Lagerhallen oder Restaurants um. Nach fünfzig Jahren des vorgeschriebenen Atheismus regt sich wieder das geistliche Leben in 900 Kirchen und 14 Klöstern. Für die Alten ist Hîncu ein anstrengendes, aber nährendes Pflegeheim. Auf den langen Eßtischen liegt die Eigenproduktion: Weißbrot, Gurken, Tomaten, Eier, Käse, Milch und kalte, gelbe Maisquadrate. Die 74jährige Bäuerin wollte den Kindern nicht zur Last fallen, nun versucht sie ihren eigenen Weg zu gehen – zwischen Morgenmesse um vier Uhr früh, Feldarbeit, Kochen, Waschen, Aufräumen, Schweigen und Knien und Bekreuzigen bei der Abendmesse bis tief nach Mitternacht. Während die meisten der siebzig Nonnen grimmig sind, vermag sie zu lachen. Sie gibt dem Gast zwei Brotlaibe mit auf den Weg: »Nimm beide, unterwegs könnte dir ein Hungernder begegnen«. Die Oberin meint: »Wir sind Selbstversorger, alle haben es zur Zeit schwer, wir wollen nicht die Hand ausstrecken.« Offenbar gibt es aber Mittel für den Bau einer neuen, größeren Kirche, deren Fundament schon steht. Dem Kloster gehören Land und Wald, Arbeitskraft wird gebraucht. Auch junge Frauen suchen neuerdings den weiten Horizont in einem Leben unter breitem Kopftuch und wallendem Schwarz und nach einem engen Reglement.

Die Studentinnen in Chişinau wählen wiederum als Umhang die moldawische Fahne, und statt in die Disco gehen sie samstags demonstrieren – für die Beibehaltung der rumänischen Sprache als einzige Staatssprache und mit dem Slogan »Unsere Herzen für Europa«. Der charismatische Parteichef der Christdemokraten, Iurie Roşca, führt sie an, er hat das Beten vor dem Kreuz mit Politik gepaart, Christentum und Nationalismus und dazu das gefühlvolle Parteiemblem – das blaue Herz mit zwölf europäischen Sternen. »Wir sind nicht das Ende, sondern der Anfang von Europa«, sagt er selbstbewußt. Noch sind das fremde, das ersehnte Europa und das eigene Land, das noch gar nicht das eigene ist, getrennt, aber die ärmliche Verliebte will einen Bund fürs Leben mit dem gesetzten EU-Herrn. Auf dem Werbeplakat der Partei blickt eine schöne Studentin melancholisch ins Weite. Das Stirnband in den Nationalfarben schnürt ihren klugen Kopf ein. Im Westen sind statt Herzen eher warme Nieren aus Moldawien gefragt – für den Transplantationsmarkt, verkauft aus Not.

Der begehrteste Bodenschatz des Landes ist jedoch der unversehrte, junge Frauenkörper. Sich an den in Chişinau oder Tiraspol flanierenden Schönheiten zu erfreuen ist schwer, wenn man weiß, daß auf dem Balkan zwei Drittel der Sexsklavinnen aus Moldawien und Transnistrien stammen. Auch die Kfor-Männer im Kosovo bevorzugen diese Art der Ost-West-Annäherung. Es ist gespenstisch, wie die künftigen Verlorenen auf den löchrigen Dorfstraßen daherkommen: Nicht die junge Frau trägt ihr Kleid, nicht ihr Körper, nicht ihre Würde darunter soll geschützt werden – hier hat der Fetisch des Kleides den weiblichen Menschen usurpiert. Die Halbwüchsige trippelt darin, Blick starr, Gesicht zur ernsten Maske eingefroren, so betet sie das schwer erkaufte Stück Stoff an, ist hypnotisiert davon, als zöge dieser Import aus der Türkei die Gefügige zu seinem Ursprung. Zehntausende verschwinden im Istanbuler Fleischwolf. Und die Fracht geht weiter nach Mailand, Amsterdam oder München. Egal wohin, der geschlossene Kreis der Bars, der Bordelle ist globalisiert. Die Freude an Mode, Ästhetik und Jugend kippt schnell um. Die enge Kleidung trägt frau angespannt als Statussymbol, als soziales Gebot, um ihr Gesicht zu wahren. Sie sagt damit: Es geht mir gut, ich lasse mich nicht gehen, also bin ich. Ihr Gesicht verliert sie anderswo, sie gibt dem Sexhändler ihren Paß ab, als sei sie durch den Akt der Depersonalisierung schon gerettet. Die junge Frau kommt aus dem Mangel an sich, und wo, wenn nicht in der Fremde soll er behoben werden? Sie flieht auch vor dem festen Druck der Familienhand und vor der monolithisch geprägten Gesellschaft – das Dämmerlicht des Stripteaselokals mag ihr als ein Lichtblick der Autonomie erscheinen. Früh geübt, dem fremden Willen zu gehorchen, sich selbst entfremdet, auch ihrem Körper, den sie zur Begutachtung den Blicken ausliefert, schließt sie sich in der Obsession ein, körperlich gefallen, als Körper gefügig sein zu müssen und aus diesem Gehorsam Kapital zu schlagen. Eine Aufklärungskampagne versucht die nationale Tragödie aufzuhalten. Die in den Städten hängenden Plakate: *Tu nu eşti marfă*, »du bist keine Ware« preisen ex negationem das Selbstwertgefühl an, diese Mangelware.

In den Kindergärten fragen die Kleinen: »Wann holt mich die Großmutter ab?« Denn die Mutter ist nicht nur Prostituierte, sondern auch Hausangestellte in Italien, Verkäuferin in Moskau, und der Vater verdingt sich als illegaler Bauarbeiter in der Ukraine, in Israel, in Portugal oder in Spanien. Die aktive Bevölkerungsschicht fehlt überall, das Rückgrat der Gesellschaft, der Wertemaßstab, die reife Mitte. Die Halbwüchsigen, sich selbst überlassen, ohne ein identitätsstiftendes Vorbild, bereiten sie sich ebenfalls auf den Exodus vor.

Schätzungsweise eine Million Menschen, ein Viertel der Bevölkerung Moldawiens und Transnistriens, haben der Heimat das Wasser abgegraben, um sich selbst und ihre Familien über Wasser zu halten. Allein über das Western Union Banksystem schicken sie jährlich zweihundert Millionen Dollar nach Hause. Grigore Chiper sieht in diesem Familienegoismus keinen Gewinn, das Geld werde für Hausbau, Möbel und Kleidung ausgegeben, kaum jemand gründe ein

Unternehmen, kurble die Produktion an. Auf den Märkten wird drittklassiger Import angeboten – ob Chips, Sandalen oder Töpfe, selbst Souvenirs kommen aus Rußland. Das schwächt die labile Wirtschaft und den angeschlagenen Bürgerstolz.

Zudem wurde Moldawien 1990 ein Glied amputiert, der schmale Landstreifen Transnistrien, der ein verlängerter Arm Moskaus ist. Es sei eine Piratenrepublik, in der sich große und kleine Diebe tummeln, behauptet man bei der rumänischsprachigen Zeitung »Ţara« in Chişinau. Ihr Korrespondent berichtet zum eigenen Schutz unter einem Pseudonym aus dem »schwarzen Loch«. Schmutzige Waffengeschäfte gebe es dort, wo die Straßen sauber gefegt sind. Friedlich wirkt die Hauptstadt Tiraspol, kaum Verkehr, hier gibt es keine Reklamen wie in Chişinau, sondern unangetastete kommunistische Symbole – Arbeiterlosungen, Lenin-Büsten und Karl-Marx-Straßen. Eine scheinbar museale Minisowjetunion ohne KP und mit eigenem Zoll und eigener Währung – auf den transnistrischen Rubelscheinen prangt der Kopf des zaristischen Generals, Eroberers Transnistriens und Alpenüberquerers Alexander W. Suworow. Aber das Staatsgebilde *Pridnestrowskaja moldawskaja respublika*, wie Transnistrien auf russisch heißt, ist von der Welt nicht anerkannt. Das Staatswappen ist der übernommene sowjetische Ährenkranz mit Hammer und Sichel, unter dem der Präsident, der Russe Igor Smirnoff, kapitalistisch waltet, gewinnbringend für sich und seinen Klan.

Die politische Offenheit der einfachen Untertanen erschöpft sich in: »Smirnoff ist hier Zar und Gott« oder »Der Fisch fault zuerst am Kopf«. Die das beliebte Roggengetränk *kwass* verkaufende Großmutter erschrickt sogleich über ihren Mut: »Aber Sie werden mich deshalb nicht anzeigen?« Eine ältere Angestellte im Tiraspoler Hotel »Druschba« (Freundschaft) sorgt sich flüsternd: »Unsere sowjetischen Pässe sind nur bis Ende dieses Jahres gültig. Was wird aus uns? Die transnistrischen Pässe sind im Ausland ungültig. Mein Sohn hat sich den rumänischen Paß machen lassen, meine Tochter den ukrainischen. Ich weiß nicht, was tun. Wenn ich den leeren Kühlschrank sehe, wird mir schrecklich zumute. Zur Sowjetzeit war er voll.«

Die Kühlschranksorgen der Mehrheit läßt die russischsprachige Zeitung »Dnjestrowskij kurjer« aus, sie berichtet von transnistrisch-russischer Freundschaft, druckt ein Pamphlet gegen die Wiedervereinigung mit Moldawien und Smirnoffs Trauerrede zum zehnten Jahrestag der »Tragödie von Bendery«, dem Bürgerkrieg mit über tausend Toten, als Moldawien mit Waffengewalt gegen den Separatismus von Transnistrien vorging. Die aus Rußland geschickte 14. Division unter General Alexander Lebed entschied die Schlacht – der am 28. April 2002 bei einem Hubschrauberabsturz ums Leben Gekommene wird hier verehrt, sein Foto mit Trauerband hängt in einer Geschäftsvitrine.

Transnistrien gibt sich zwar offiziell dreisprachig – Russisch, Rumänisch und Ukrainisch, aber de facto herrscht hier das Russische, ob auf der Post, in den wenigen Läden und Cafés, bei der Polizei oder an der Universität. Ein Wirtschaftsprofessor in Tiraspol zeigt sein auf russisch erschienenes Buch »Ökonomie von Pridnestrowje in der Übergangszeit«, herausgegeben von der Firma »Scherif«, einem hier allgegenwärtigen Namen, denn »Scherif« gehört dem Präsidenten. Darin wird die Arbeitslosenzahl im Jahr 1999 mit nur 2661 angegeben. Das stimme zwar nicht, meint der Autor, doch im nächsten Buch schreibe er dann die richtige Zahl. »Heute lüge ich, aber morgen werde ich die Wahrheit sagen«, kommentiert Grigore Chiper kopfschüttelnd die tiefsitzende Sowjetmentalität.

In den fünfziger und sechziger Jahren kamen aus der ganzen Sowjetunion Spezialisten, herbeigelockt mit Doppelgehältern, um die führenden Posten in Moldawien zu besetzen. »Statt Rumänisch zu lernen, haben sie ihre Befehle laut auf russisch gegeben«, sagt Chiper. Er hat einen Maßstab für Gut und Böse, den er an die 34 Prozent nichtrumänischer Bevölkerung anlegt, an die russische, ukrainische und gagausische (eine Turkminderheit): das Erlernen des Rumänischen. Der Linguist schätzt die russische Serviererin, weil sie Rumänisch kann. Auch den Nachbarn in seinem Dorf Copanca achtet er, einen russischen Altgläubigen mit langem Bart, dessen Vorfahren vor der zaristischen religiösen Intoleranz geflohen sind – dieser pflegt ebenfalls den seltenen sprachlichen Anstand. Von seinem Lohn als Sprachlehrer an zwei Universitäten kann Grigore Chiper seinem 10jährigen Sohn nur einmal pro Woche ein Luxusgut wie Joghurt kaufen, vor dem Russischen hat er ihn aber bewahrt. »Er versteht kein Russisch«, sagt stolz der Vater.

Nachdem Rumänisch 1990 zur einzigen Staatssprache erklärt und Moldawien 1991 unabhängig geworden war, fühlten sich die meisten Russen und Ukrainer ausgeschlossen, unfähig, sich anzupassen. Für einen Staatsposten wird nun Rumänisch verlangt. Immer wieder spürt man ihre Kränkung darüber. »Wozu sollen wir diese unbedeutende Sprache lernen?« fragten sich viele und zogen sich hinter den Dnjestr zurück, gründeten mit Hilfe Moskaus ihren eigenen Staat im Staat. Für Grigore Chiper ist der Dnjestr ein unbeständiger Fluß, nicht als Naturphänomen, sondern als politische Grenze. Als ich vom moldawischen rechten Ufer auf das transnistrische linke schwimme, findet er es politisch unkorrekt. Die Ufer des Flusses sollen getrennt bleiben, solange das Land getrennt ist. Den neuen, vieldiskutierten Vorschlag, eine Föderation mit Transnistrien zu bilden, hält er für eine Scheinlösung. »Das Wesentliche ist die Unbestimmtheit in allem, das Diffuse in den Menschen selbst. Wie kann man für einen amorphen Körper ein Kleid suchen?«

Am transnistrisch-ukrainischen Grenzübergang Perwomajskoje steht der Abendzug Odessa–Tiraspol–Chişinau.

Auf Holzbänken sitzen Frauen mittleren Alters. Morgens waren sie aus Transnistrien mit Taschen voller Äpfel und Birnen nach Odessa gekommen, haben das Obst auf dem Markt unter dem ukrainischen Preis verkauft, nun fahren sie zurück; eine Bierflasche wird geöffnet, die ukrainischen Hryvna werden gezählt, das sind »unsere Dollars«. Hinter dem Überlebensbegriff »Händlerin« fächern sich Krankenschwestern, Buchhalterinnen, Lehrerinnen, Facharbeiterinnen auf. Auch die 22jährige Walentina ist dabei, sie starrt mit ihren azurblauen Augen vor sich hin, als wäre sie soeben geboren. Das ist sie auch – sie und ihr Freund Radu haben sich vor vier Tagen aus der Sklaverei befreit. Sie erzählt stockend, noch unter Schock, wie sie sich und ihre Freundin von einem herumreisenden Landwirt hatten anwerben lassen, er kaufte ihnen Eis, bürgte für guten Verdienst. Nachdem der Bus das südukrainische Poltawagebiet erreicht hatte, wurde Walentina täglich um halb vier Uhr früh geweckt und mit fünfundfünfzig anderen Leibeigenen aufs Feld getrieben. Zwei Monate lang bei Regen, bei Hitze waren Blick und Hacke auf die Rübe gerichtet, bis zehn Uhr Abends. Das Feld, die Baracke waren bewacht, die Pässe konfisziert, für Ungehorsam gab es Stockschläge. Zweimal wurde Walentina von den verhaßten Rüben weggetragen, sie erbrach, und die Frauen sagten ihr: »Du bist schwanger«. Radu freute sich. Schon bei ihrer Ankunft hatte er sie umworben: »Du wirst meine Frau werden.« Fünf Tage lang wies sie ihn ab. Auch Radu wurden schnell verdiente fünfhundert Hryvna (neunzig Dollar) versprochen und ein Päckchen Zigaretten pro Tag. Geld sah er nie, und für zwei Tage gab es nur drei Zigaretten. Doch Radu wurde die linke Hand der Sklavenhalter – ja, die linke, die falsche. Er fuhr mit ihnen im Jeep, merkte sich die Wege. Einmal wurde er niedergeschlagen, ist aber noch aufmüpfiger aufgestanden. Hat er nicht die Flucht ausgeheckt, fünfzehn Leute über den Fluß gebracht, am anderen Ufer in Büschen versteckt, von wo sie die wütenden Peiniger beobachteten? Radu hat unterwegs für Walentina Brot erbettelt, sie mit Plastiksäcken auf Wiesen gebettet, und nun bringt er sie zu sich. Schnell haben sie ihre Lebensweiche gestellt, auf dem Zuckerrübenfeld. Walentina ist Russin aus einem ukrainischen Dorf, und Radu ist Moldawier aus der moldawischen Stadt Ungheni. Sie sprechen zusammen russisch, doch Radu, ein arbeitsloser Schweißer, ist beweglich auch in den Sprachen, er wirft mit ukrainischen Ausdrücken um sich, gibt dem Russischen einen ländlichen Anstrich. Walentina denkt nicht daran, seine rumänische Muttersprache zu lernen, sie hat schon Radu zu Radik russifiziert. Die gelernte Köchin fährt das erste Mal Zug und wird bald über ihre erste Grenze kommen.

Radu führt den ukrainischen Zöllner zur Seite, im Wissen um seinen Trumpf: vierzig Hryvna, die ihm dank meiner Gegenwart zugefallen sind, der feste Passagierpreis für zwei Personen. Walentina schaut auf Radus Rücken bei der Verhandlung, leckt sich die Lippen und bekreuzigt sich, und als sich die volle Hand des Zöllners schließt, senken sich Radus Schultern, und Walentina streichelt ihren noch flachen Bauch. Der Zöllner gibt seinem transnistrischen Kollegen eine leise Anweisung, und der Zug fährt weiter. Sie wollen neue Pässe machen lassen, heiraten und träumen vom Unmöglichen – von der Landwirtschaft zu leben. Sie haben nicht vor, die Sklavenhändler anzuzeigen, von denen gibt es ja so viele, und sie trauen weder der Polizei noch den Gerichten: »Alle sind käuflich.« Bevor Walentina kurz vor Chişinau einschläft, meint sie zu ihrer Zukunft: »*Budjet kak budjet*, es kommt, wie es kommt.«

IV.
RUSSLAND UND TSCHETSCHENIEN

DER VORHOF DER HÖLLE

Weibliche Gefangene in Rußland

1995

Die stalinistische Schöpfung zur Lösung ökonomischer Probleme, der GULAG (Abkürzung für Gossudarstwennoje uprawlenie lagerej – staatliche Lagerverwaltung), wie ihn Alexander Solschenizyn beschrieb – mit Wachttürmen, Ungeziefer und Schlägen – ist immer noch Realität. Lediglich die politischen Straflager in Perm und Mordowija sind geschlossen worden. Die letzten prominenten politischen Gefangenen wurden entlassen, die politischen Artikel 70 und 190 (»antisowjetische Agitation und Propaganda«) sind aus dem Strafgesetzbuch gestrichen worden – doch es gibt noch immer Gefangene, die erklären, hinter ihrer Verurteilung als Kriminelle stünden politische Gründe.

Ungefähr jeder sechste erwachsene Bürger Rußlands kennt das GULAG-System von innen. Im Jahre 1986 wurden drei Millionen Gefangene auf dem gesamten Gebiet der UdSSR gezählt – eine Million waren es in der russischen Republik. Seit 1989 steigt die Zahl der Inhaftierten wieder an. Die Menschen vegetieren in 743 Arbeitslagern, 168 Untersuchungsgefängnissen, 13 Gefängnissen und 60 Erziehungsanstalten für Minderjährige. Das russische Strafsystem sieht sogar für kleine Wiederholungsdiebe langjährige Freiheitsstrafen vor. Hier rekrutiert die Russen-Mafia ihren Nachwuchs. Doch aus Angst vor der wachsenden Kriminalität spricht sich die öffentliche Meinung eher noch für eine Verschärfung des Strafsystems aus.

Der Gründer und Leiter des unabhängigen Moskauer Gefangenenhilfezentrums »Sodejstwije«, Waleri Abramkin, beklagte bei der letztjährigen Menschenrechtssession in Genf die Haftbedingungen in russischen Gefängnissen und Lagern. Abramkin war selbst in den 70er und 80er Jahren ein politischer Gefangener im GULAG-System. Inzwischen bedroht auch die wirtschaftliche Not die Verpflegung in den Strafanstalten. »Sodejstwije«, das seit seiner Gründung im Jahre 1988 monatlich rund 500 Briefe von russischen Gefangenen erhält, auswertet und archiviert, führt zur Zeit eine Untersuchung über die Situation der Frauen in russischen Gefängnissen und Lagern durch.

Rund 40000 weibliche Gefangene werden heute in russischen Gefängnissen und Lagern »verwahrt« – zusammen mit etwa 300 Kleinkindern unter drei Jahren. Am schlimmsten sind die Bedingungen in der Polizei- und Untersuchungshaft. Hier sind rund 15000 Frauen eingesperrt – im ewigen Halbdunkel hinter den mehrfach abgeschirmten Jalousien.

Das russische Strafsystem orientiert sich am Mann. An die Bedürfnisse des weiblichen Körpers hat man nicht gedacht. Es gibt zum Beispiel weder Monatsbinden noch Toilettenpapier, so daß sich die menstruierenden Frauen mit Zeitungspapier behelfen müssen. Sie reißen Laken in Streifen und waschen sie dann in dem einzigen Waschbecken der Zelle, die oft mit fünf bis dreißig Frauen belegt ist. Keine Frage, daß es in diesem Waschbecken nur kaltes Wasser gibt. Wäsche aufzuhängen ist untersagt – so müssen sich die Frauen ihre Kleidungsstücke am eigenen Körper trocknen. Es gibt kein Waschmittel – nur 50 Gramm Seife vor dem Duschen. Die Dusche ist zwar einmal pro Woche angesetzt –, doch manchmal müssen die Frauen wochenlang auf den Duschgang warten. Die Folge sind Ungeziefer und Krankheiten.

Beim Hofgang treiben die Aufseher die Frauen mit Hunden oder mit Schlagstöcken an. Das Essen besteht oft aus einer Brühe aus verfaulten Kartoffeln, und die Frauen reagieren auf diese »Ernährung« mit Haarausfall und Ausschlägen. Und weil die Frauen in der Untersuchungshaft nicht arbeiten dürfen, dämmern sie tagelang stumpf dahin, denn Bücher aus der Gefängnisbibliothek werden nur selten ausgeliehen. Die Überführung aus dem Untersuchungsgefängnis ins Straflager wird nach diesen Erfahrungen meist als Erleichterung empfunden.

Die Lage der Minderjährigen ist noch prekärer als die Situation der Frauen in der Polizei- und Untersuchungshaft. Unter ihnen sind oft obdachlose Mädchen, die in sieben Erziehungsanstalten und zwei Sonderschulen gehalten werden. Die Mädchen sind zwischen elf und achtzehn Jahre alt. In jeder Abteilung werden ein bis zwei Mädchen dazu gezwungen den Status von Sklavinnen zu übernehmen. Das heißt, sie müssen sexuell verfügbar sein, die schmutzigsten Arbeiten verrichten, alle Erniedrigungen ertragen. Sie werden von ihren Mitgefangenen geschlagen, mit Löffeln vergewaltigt, ihre Haare werden verbrannt, an der Oberlippe werden sie tätowiert, um sie als Angehörige der niedrigste Kaste zu brandmarken. Klagen beim Wachpersonal gelten nach dem inoffiziellen Knast-Kodex als »Kollaboration« mit dem verhaßten Staat und werden entsprechend von den anderen Mädchen bestraft.

Die Gefängnisleiter wissen zwar, daß die Atmosphäre menschlicher wird, wenn die minderjährigen Mädchen mit erwachsenen Frauen zusammengelegt werden – doch das Gesetz verbietet es. Von den Minderjährigen kommen bei den staatlichen Kontrollorganen nämlich keine Beschwerden an. Die Jüngsten im GULAG kennen ihre Rechte nicht.

»Ich bin ein Raubtier«
Brief aus dem Frauenlager im Ural

Kinderheim, Erziehungsanstalt, Polizeihaft, Untersuchungsgefängnis, Lager, Strafzelle, Isolationshaft, und dann alles wieder von vorne. Ob Breschnew, Tschernenko, Andropow, Gorbatschow oder Jelzin – für Soja Putina hat sich nichts geändert. Die 44jährige schreibt ihre Lebensgeschichte im Straflager »Beresniki« im Nordural. Unter den 10000 Brie-

fen, die das Moskauer Gefangenenhilfezentrum »Sodejstwije« seit seiner Gründung archiviert hat, befindet sich auch der hier gekürzt wiedergegebene Werdegang der »besonders gefährlichen Wiederholungstäterin«.

»Menschen – wer von Euch wollte als Kind unseren Planeten überqueren, Licht und Dunkelheit, Weltall und Ewigkeit, Paradies und Hölle kennenlernen? In meinen Kinderträumen war ich Kriegsreporterin oder Rambo ohne Maschinengewehr, dafür mit summender Kamera im Himalajagebirge. Alles wollte ich erkunden – die Sprache der Frösche, die Geheimnisse der Gräber der Vorfahren. Doch mein Schiffchen, beladen mit abenteuerlichen Sehnsüchten, geriet ins Unwetter, stieß auf den Archipel GULAG, drehte sich um die eigene Achse, drehte sich immer schneller und versank in den Ozeantiefen, ohne die heimatlichen Ufer zu erreichen.

Im Jahr 1951 kam ich in Südsibirien bei einer armen Bauernfamilie zur Welt. Im Alter von sechs Jahren fing mein staatlich geregeltes Leben im Kinderheim an – durchtränkt mit Chlor, Küchengerüchen, Medikamenten und Kinderurin. Dann Schule, Pionierlager. Ich war eine gute Schülerin, sportlich, spielte Schach, lernte Deutsch und Englisch. Zur Belohnung schickte man mich für ein Jahr auf die Krim.[1] Da erschien meine Mutter und brachte mich in ihren großen Haushalt mit tausend Mühsalen zurück. Ich las die spärliche Information über den Westen. Und ich will nicht lügen: Ja, ich bevorzugte den Kapitalismus, alles Sowjetische widerte mich an. Wegen meiner *antisowjettschina* wurde ich aus dem Pionierverband ausgeschlossen. Kein Unglück, breit bist du, Mütterchen Rußland! Ich erbat mir Geld von meiner Mutter und vom Stiefvater und suchte mein Glück quer durch die Sowjetunion.

Mit 13 ist man neugierig. Ich durchstreifte Mittelasien in Güterzügen, per Anhalter, zu Fuß, übernachtete in Dörfern

1 Gute Schüler wurden in der einstigen Sowjetunion mit einem Erholungsaufenthalt auf der Krim belohnt.

bei guten Großmüttern und bekam Sehnsucht nach meiner Mutter. Was macht sie bloß? Doch die Polizei verhaftete mich, brachte mich in die Erziehungsanstalt Nischnendinsk, mitten in der Taiga. Winter. Minus 40 Grad. Wir ziehen singend Kreise im Anstaltshof. Dünne Strümpfe in schweren Soldatenstiefeln, made in UdSSR. Einige Mädchen tragen das rote Armband der Aktivistinnen, es sind *schestjorki*, die auf dem »Weg zur Besserung«[2] sind. Wie sie schlagen können! Abends bei der Tagesauswertung muß sich die Schuldige auf ein Taburett neben die Leninbüste mit roter Fahne stellen, und die Aktivistinnen schlagen das Taburett unter ihren Füßen weg, sie fällt hin und stellt sich gehorsam wieder drauf. Jede Abteilung kommt zehnmal dran – und es gab zehn Abteilungen. Ich wehrte mich wie ein Tier.[3]

Im Sommer kletterte ich über die Mauer, rannte in die Taiga, marschierte zwölf Kilometer zur nächsten Eisenbahnstation, fuhr zum Baikalsee. Eine einsame Wölfin ohne Essen, ohne Geld. Ich kam in die Sowjetrepublik Burjatskaja, an der Grenze der Mongolei. Um mich herum liegt die ausgedörrte Steppe. Ich habe nur ein Ziel – ins Ausland zu flüchten. Aber wo ist die Grenze? An der Station Chatbulak lief ich direkt in die Hände der Polizei. Welche Feuersbrunst bekam ich als Strafe für meine Flucht! Das Taburett kam dran und einen Monat lang putzte ich die Toiletten. Nach drei Jahren wurde mir feierlich die Freilassungsurkunde überreicht.

Straftat Nr.1, Jahr 1970. Ich kehrte zur Mutter zurück. Der Stiefvater starb, und wir siedelten nach Altai um. Beim

2 *Schestjorka* (Knastsprache) dient einer Frau aus einer höheren Gefangenenkaste. Wenn sie mit der Gefängnisleitung zusammenarbeitet, hat sie im offiziellen Sprachgebrauch »den Weg der Besserung« angetreten. Die Gefängnisleitung zwingt die Häftlinge mit einem System von Strafen und Vorteilen zur Mitarbeit.

3 Für sich einzustehen, in jeder Lage, sich gegen Erniedrigungen sofort zur Wehr zu setzen gehört zu den inoffiziellen Knastgesetzen. Eine Gefangene, die das nicht kann, hat einen schlechten Status.

Umzug fand ich eine Truhe mit wahren Schätzen aus dem Großen Vaterländischen Krieg: zwei verrostete deutsche Revolver Marke »Walter«, einen Becher mit Hakenkreuzen, Patronen, ein Messer, einen Hut; und ein Päckchen Obligationen. Ich breitete alles auf dem Küchentisch aus. Meine Mutter entdeckte mich, schrie, weckte Lebende und Tote zugleich. Der Staatsanwalt drückte seinen Stempel auf das Urteil. Im Namen der Sowjetunion ... sechs Monate Freiheitsentzug nach Art. 207 »Morddrohung«. Wen habe ich bedroht? Die Mutter? Möge Gott mir verzeihen!

Straftat Nr. 2, Jahr 1970. Ich kam im April frei, sollte auf dem Kuhmist den Kommunismus errichten. Ihr Kremlherren, wie ich Euch hasse! Ich versammelte die Jungs, wir nähten uns Hakenkreuze an die Ärmel und Buchstaben KKK auf ein weißes Gewand. Der Ku-Klux-Klan, falls ihr das nicht wißt, ist ein geheimer Kampfbund gegen Neger und Kommunisten. Wir gingen in den Wald.

Es ist Nacht. Am Feuer brennt ein vom Friedhof gestohlenes Kreuz. Ich trage das weiße Gewand, bin die Ku-Klux-Klan-Chefin. Die Jungs brüllen »Heil Hitler«, wir hüpfen bis zum Morgen herum, hecken Pläne gegen die Roten aus. Und am 9. Mai hing die faschistische Fahne am Grab irgendeines Revolutionärs. Aus einer Wohnung stahl ich eine Kiste, auf die ein Totenkopf gemalt war. Darin lagen ein Paar Gummistiefel, ein Regenmantel, drei Zwiebeln und ein Kilo Bonbons, Marke »Schwalbe«. Im Namen der Sowjetunion verurteilt zu drei Jahren nach Art. 229 »Grabschädigung« und zu zwei Jahren nach Art. 144 »Diebstahl«. Ich kam in die Strafkolonie nach Perm. Wie viele Strafzellen sah ich in diesen fünf Jahren! Mal rauchte ich unerlaubterweise, mal erschien ich zur Arbeit ohne Namensschild. Die Strafzelle war in den siebziger Jahren etwas zwischen Gestapohaft und Kloster. Die klugen Köpfe in grüner Uniform, diese Sadisten, schlugen so zu, daß Zähne und Gebärmutter nur so herausflogen!

Ach, Ihr Menschen! Würde man Euch mit den Kopf nach unten aufhängen und dann Sulfasin[4] einspritzen, würdet Ihr Paradies und Hölle kennenlernen.

Straftat 3, Jahr 1975. Ich kam zur Mutter ins Dorf im Kreis Nowosibirsk, beschloß selbst eine Familie zu gründen, stieß auf einen kräftigen Bauernburschen Jahrgang 1954, der gerade vom Militärdienst kam. Wir heirateten. Meine Mutter war dagegen. Mein Wolodjka Petrow trank nämlich Wodka wie Milch – aber nicht einmal mit dem kleinen Finger hätte er mich geschlagen. Weit weg von den Eltern, in der Taiga, werde er mit dem Trinken aufhören, dachte ich. »Fahrt, junge Leute, mit Gott«, und die Eltern gaben uns etwas Geld. Wir ließen uns im Altaigebirge nieder. Wolodjka war Viehkontrolleur, besuchte die Hirten und nahm mich oft auf seine Touren mit. Aber einmal fuhr er nach Tschemal und kam nicht zurück. Ich wartete bangend in der Hütte, während Wolodjka mit einer jungen Zigeunerin zur mongolischen Grenze ritt. Na, was soll's? Fehler der Jugend! Ich kehrte zur Mutter zurück, und die medizinische Kommission eröffnete mir, daß ich ein Kind erwarte. Ein winziges Wesen, das ich mit der zartesten Liebe umhegen würde. Die Mutter schrie: »Diese Mißgeburt will ich nicht sehen! Geh mir aus den Augen und treibe ab!« Abtreiben? Niemals. Aber wo soll ich im Winter in meinem Zustand schon hin? Ich schloß mich im Haus ein, zertrümmerte das Mobiliar, warf den Paß der Mutter in den Ofen. Nur der Fernseher blieb heil.

Die Untersuchungshaft. Die Gerichtsverhandlung. Ich kann mich kaum auf den Beinen halten, sollte bald gebären. Die Mutter weint, erstattet aber keine Anzeige gegen mich.[5]

4 Sulfasin ist ein Psychopharmakon, das Fieber, Krämpfe und Wahnideen verursacht. Sulfasin wurde – obwohl verboten – als gefürchtete Strafmaßnahme in Gefängnissen gespritzt.

5 Auch wenn ein Geschädigter keine Anzeige erstattet, ist eine Verurteilung möglich.

Trotzdem: ein Jahr nach Art. 206 »Rowdytum« und nach Art 149 »Bösartige Zerstörung des persönlichen Besitzes«. In der Mutter-Kind-Abteilung der Nowosibirsk Zone gebar ich einen Jungen. Mein Mutterglück dauerte nur eine Woche – er sei krank, sagte man mir und brachte ihn in die Stadt. Und von da an hörte ich nichts mehr von ihm. Nach eineinhalb Monaten führte mich eine Eskorte aus der Zone hinaus, ich sollte mich von meinem Kleinen verabschieden. Ich hielt ihn kurz in meinen Armen, küßte seinen leblosen Körper und versteinerte, keine Träne vergoß ich. Die Wachen haben meinen Edik begraben, ohne Spuren zu hinterlassen. Die Diagnose lautete: Blutvergiftung.

Straftat Nr. 4. Drei Monate vor der Freilassung wurde ich zur *chimija*[6] in die Stadt Nowosibirsk abkommandiert. Die Arbeit in der Ziegelsteinfabrik ist schwer, dafür ist das Kino nebenan, ein Zirkus gastiert. Arbeite und ruhe dich aus. Wir, die direkt aus dem Lager ins Wohnheim kamen, waren Ordnungsfanatiker, bliesen jedes Stäubchen vom Bett weg. Doch das Wohnheim war voll von Schlampen, Säuferinnen. In den überfüllten Zimmern für zehn bis zwölf Frauen lag Erbrochenes, in der Gemeinschaftsküche wurde Fleisch direkt aus den Töpfen gestohlen. Es gab Messerstechereien, aber wo will man sich schon beschweren? Die Wohnheimleitung ist bestochen, damit sie nichts unternimmt. Ich dachte: Wer braucht mich hier schon? Wer wird mich suchen? Rußland, führe mich weit weg von den Menschen, von ihrer Grausamkeit ... Nach drei Tagen wurde ich verhaftet. In der Polizeizelle kein Bett, keine Luft – nur Schmutz und Gestank. Wozu jagt Ihr mich, Menschen? Ich malte an die Zellenwände eine Breschnew-Karikatur und schrieb darunter antisowjetische Losungen. Sie kamen angerannt aus ihren muffigen Büros, wie Wölfe, fotografierten meine Kunst und schickten

6 *Chimija* ist eine Art Halbfreiheit, während der die entlassenen Häftlinge eine zugeteilte Arbeit annehmen müssen, für die sie aber normal bezahlt werden.

mich zurück ins Lager. Dann eine psychiatrische Expertise und wieder: Im Namen der Sowjetunion, verurteilt nach Art. 190 »Antisowjetische Agitation und Propaganda« (Verleumdung des Staatsoberhauptes) und nach Art. 206 »Rowdytum« zu fünf Jahren Haft als »besonders gefährliche Wiederholungstäterin« in einem Straflager mit strengem Regime.

Straftat Nr. 5, Jahr 1982. Ich kam frei, war gesundheitlich angeschlagen. Die Mutter bat die Obrigkeit, man solle mir ihre Adresse nicht mitteilen. Ich fand eine Anstellung in der Stadt Gorno Altaisk, in einer Nähfabrik. Man behandelte mich korrekt, ich ging oft ins Kino, ins Theater, fühlte mich als Mensch. Ich sollte ein Jahr unter *nadzor* leben,[7] aber die Polizei ließ mich in Ruhe. Ich nahm zu, wurde kräftig, fühlte mich jung.

Ich bewarb mich für eine geologische Expedition, und – Hurra – ich wurde als Köchin angestellt. Morgens stehe ich auf, der Tau glitzert, ein Blumenmeer liegt vor mir, ich nehme ein Bad im eisigen Fluß Omej. Dann bereite ich am Feuer das Frühstück für meine acht Mitarbeiter vor. Der leitende Geologe brachte mir bei, wie man mit einem Radiomesser Radioaktivität der Mineralien mißt. Wir suchten nach Bauxit. Ich gehe neben ihm durch die Taiga mit einem vollen Rucksack, den Fotoapparat umgehängt, in der Hand ein Transistorradio. Doch etwas Unerklärliches rief mich, verzeiht mir, Menschen. Ich will dorthin gehen, wo kein Mensch noch war. Ich beschloß, auf der Tschujski-Straße 500 Kilometer zu Fuß zu gehen, die mongolische Grenze zu überqueren und bei einem buddhistischen Kloster um Aufnahme zu bitten. Ich regelte mein Gehalt mit den Geologen und machte mich auf den Weg, übernachtete in der Taiga, hörte Musik aus dem Radio. Die Tschujski-Straße ist rauh

7 *Nadzor* ist eine Polizeikontrolle, die oft nach dem Gefängnis- oder Lageraufenthalt angehängt wird; sie bedeutet Ausgangssperre von 20 Uhr abends bis 8 Uhr morgens und wöchentliche Meldepflicht bei der Polizei.

und einzigartig. Abends kochte ich mir den Taiga-Tee und fühlte Kräfte in mir aufsteigen.

Ich kam nicht an. Sie banden mich fest. Ich hatte doch ein Radio, eine Landkarte, einen Fotoapparat und einen Kompaß bei mir. Sie haben mich geröntgt, suchten in meinem Körper nach irgendwelchen Geräten. Ein hoher KGB-Beamter von der Spionageabwehr flog aus Moskau herbei: »Wo wolltest du hin? Zu wem?« Gerne befassen sich die Russen mit Blödsinn: Können Sie denn eine Spionin von einer Romantikerin nicht unterscheiden? Endlich begriffen sie es und überwiesen mich in die psychiatrische Klinik nach Gorno Altai. Ein Mitarbeiter half mir zu fliehen, aber in Nowosibirsk wartete schon die geschlossene psychiatrische Anstalt auf mich. Von hier kann man nicht fliehen. Unzerbrechliches Glas, überall Schloß und Riegel, die Irren brüllen, gehen nackt herum. Als mich die Polizei abholte, freute ich mich, als wären es meine Liebsten. Das Gericht in Nowosibirsk verurteilte mich erneut wegen antisowjetischer Agitation und wegen Rowdytum zu zwei Jahren.

Straftat Nr. 6, Jahr 1986. Nach meiner Freilassung ließ ich mich in der Siedlung Karatuskoje nieder. Schöne Natur, alle Annehmlichkeiten, Kino, Videothek. Ich arbeitete als Zeichnerin in einer Transportfirma, erhielt Aufträge, das Geld rollte. Ich schmückte mein Zimmer im Wohnheim, schaffte mir alles an, vom Löffel bis zum Fernseher. Aber der Polizeichef Mironow warnte mich: »Du faschistisches Luder, du wirst bei uns in Karatuskoje nicht leben, ich lasse dich einlochen.« Und er zwang mich, eine Abreiseerklärung zu unterschreiben. Daraufhin vernichtete ich alle meine Dokumente. Wozu brauchte ich sie noch? Ich habe sowieso kein Recht, auf dem Gebiet der UdSSR zu leben. Mein Platz ist im Gefängnis. Dort nimmt man alle auf. Mit solchen Gedanken fuhr ich weg. Mironow erreichte sein Ziel: Ich wurde wegen Mißachtung der polizeilichen Meldepflicht verhaftet. Im Gefängnis von Minusinsk schrieb ich eine Beschwerde ans Bezirksgericht und wurde drei Monate später freigelassen, aber zu drei Jahren bedingt verurteilt. Ich kam zurück nach Karatuskoje, Mironow wurde entlassen. Nun richtete ich mich wieder ein, erhielt meine Arbeit zurück, aber die Polizei überwachte alle meine Schritte: »Wohin gehst du? Wer war bei dir?« Da kamen mir die Zweifel: »Vielleicht bin ich in der Tat eine Spionin?« Eine Vorahnung, als ob sich schwere Wolken zusammenziehen, bevor es donnert.

Es ist eine warme Augustnacht. Wie im Traum setze ich einen Fuß vor den anderen. Das Warenhaus taucht vor mir auf, kommt immer näher. Bösartig funkeln seine Schaufenster, aber noch bösartiger sind meine Gedanken. Lieb lächelt das Gesicht der Verkäuferin. »Bezugskarten für Seife und Waschpulver? Ich weiß nicht, wann sie ausgeteilt werden«, sagt sie. Und ich bin plötzlich weich, bekomme Angst. Nein! Man muß Mut zum Hassen haben.

Eine Glocke ertönt. Es riecht nach Benzin. Ein Streichholz zischt. Bengalisches Feuer – ich entferne mich langsam, drehe mich nicht um. Hinter mir brennt ein Teil Rußlands. Oh Gott! Wenn dies bloß nicht wahr wäre. Ich komme in den Wald und atme den Geruch der Blätter ein. Feuerwehrautos heulen auf. Rußland, ich werde deine Wege nicht mehr erforschen. Anstatt deinen Wasserfällen werde ich dem Regen hinter dem vergitterten Fenster lauschen, anstatt den Duft deiner Blumen den Gestank der Zelle atmen.

Es geschah am 25. August 1989. Zum ersten Mal beging ich ein Verbrechen. Mein Plan war einfach gewesen: Die Kasse des Warenhauses berauben (es war allerdings kein Geld dort), die Hälfte der Siedlung Karatuskoje in Brand stecken, Waffen stehlen und ein Flugzeug kapern. Ich bin ja eine Terroristin, muß diesem ständigen Vorwurf endlich gerecht werden. Natürlich ist das alles dumm, aber so ist nun mal mein Schicksal. Ich wurde zu zwölf Jahren nach Art. 89 und 98 (Zerstörung von Staatseigentum in großem Ausmaß) verurteilt. Anschließend wurde ich ins Lager mit verschärften Bedingungen nach Beresniki überführt.

Doch ich kann mich nicht eingewöhnen, meine Seele bäumt sich auf. Eine gewöhnliche Lagermaxime: Arbeite, und wenn du die Arbeitsnorm nicht erfüllst, ab mit dir in die Strafzelle. Ich beschloß, mich in eine Frau zu verlieben, in Ludmila K. Vielleicht wird die Liebe meine Wunden heilen? Aber sie ist nicht das Weibchen des Schakals, sie ist ein gewöhnliches Weib mit einer langen Zunge. Und ich erhob das Messer und stach zu. Ich bin doch eine Mörderin, eine Terroristin? Ich bekam zwei Jahre internes Lagergefängnis.

Im Juli 1992 kehrte ich in die Lagerzone zurück, erschöpft von allem. Ich bat, man solle mich isolieren. Nein – so ginge das nicht, ich müßte etwas anstellen. Wen soll ich aufschneiden? Wen schlagen? Meine Hand erhebt sich nicht. Also verweigerte ich die Arbeit, schrieb eine Schimpftirade auf den Lagerleiter und wurde sofort für drei Monate in eine Strafzelle gesteckt. Ich werde nicht mehr ins Lager zurückkehren, ich habe mir die Einzelhaft besorgt. Das Raubtier muß im Käfig sitzen …«

(Die Übersetzung und Bearbeitung besorgte Irena Brežná)

FABEL VOM FUCHS, VON DER FLUCHT, VOM SCHREIBEN UND VOM WIDERSTAND

Mein Weg nach Tschetschenien

1997

Ich sehe einen Fuchs, einen weiblichen. In meiner Muttersprache ist der Fuchs weiblich. Sie ist ein Muttertier, sie rennt auf einer Bilderbuchzeichnung von links nach rechts, im Zickzack durchs Gestrüpp, wendig, mit angespannten Muskeln, die Fellhaare in gegenseitigem Einverständnis aneinandergepreßt. Mit gesenktem Kopf rennt die Füchsin, dem Gesetz der Aerodynamik gehorchend. Sie besteht nur aus ihrer Flucht. Sie ist der Fluchtinstinkt jenseits des Bewußtseins. Zwischen ihren Zähnen windet sich ihr Junges, es heult, es flieht nicht. Am Ende der Flucht ist ein fremdes, ein geräumiges Erdloch. Die Füchsin schlüpft hinein, sitzt zusammengekauert da, leckt ihr nasses Junges, und ihre Atmung wird ruhig. Diese Füchsin ist am Ende ihrer Geschichte. Diese Füchsin bin nicht ich.

Ich sehe ein anderes Bild. Ich sehe ein schwarzhaariges Mädchen auf dem Beifahrersitz eines grauen Škoda mit dem Kennzeichen von Bratislava. Es ist Ende August 1968, der Wagen fährt westwärts durch Österreich. Ich sehe viel Nässe, Wolkenbrüche über den Scheibenwischern, innen in der Autokapsel ergießen sich die Augen des Mädchens. Das Mädchen sieht die fremde Welt und sich selbst verschwommen. Am Steuer sitzt die Mutter. Es ist die Flucht der Mutter. Das Mädchen wird geflüchtet. Das Mädchen will in die entgegengesetzte Richtung rennen, weg vom Naß, hin zum Metall der russischen Panzer, die in der Sommernacht das Land überrollt haben. Das Mädchen fuhr vor der Ankunft der Panzer in die Schulferien, es hat die Panzer und Soldaten mit ihren breiten Gesichtern nicht gesehen. Es besteht nur aus dem einzigen Drang hin zu ihnen, um sich vor ihnen aufzurichten, in Drohgebärde. Das Mädchen wird dieser Auflehnung beraubt. Ein Raub, wie es gleich einer unmündigen Braut entführt wird. Die Stumme wird verheiratet an ein wohlhabendes, fremdes Land, das ihre Mutter für sie ausgesucht hat. Dieses Wegtragen durch den Regen, weg von der Geschichte, ist Gewalt. Dem Mädchen wird alles genommen. Es kommt sprachlos, sippenlos, geschichtslos irgendwo an, weiß nicht wo, an einem leeren Ort, den es nicht bewohnen will. Es kommt nicht an, es wird hingestellt, aus der Kiste ausgepackt, es ist noch naß wie ein Neugeborenes. Naß steht für entblößt, für die zitternde Unbehaustheit, naß steht auch für den Anfang. Das Mädchen bewohnt nur seinen Körper und ist eingelullt in sein Naß. Dieses Mädchen war ich.

Dies ist die Geschichte einer Verwandlung. Es regnet nicht mehr. Ringsherum liegt trockenes, flaches Nichts, und darin steht ein Ausbildungslager. Das Mädchen meldet sich an, geht in die Drillstätte der neuen Sprache, ein Viereck, umzäunt vom Stacheldraht der Grammatikregeln. Das Mädchen schaut nicht hinaus zur Einöde, es bleibt drinnen, lernt den Umgang mit den metallenen Worten. Hier findet ein tägliches Training, eine harte Nahkampfausbildung statt. Die fremde Sprache ist nicht die überweiche, feuchte Plazenta der nährenden Muttersprache, die nach dem Mädchen roch, und das Mädchen roch nach ihr. Das Mädchen wächst zur Frau heran. Sie verliert nicht ihre Feuchtigkeit, sie schickt sie bloß unter die Haut, so daß die Haut zu schillern beginnt. Sie greift nach den neuen Worten, die in ihrer Hand zu Meißeln, Sägen und Speeren werden. Die ausgewachsene Füchsin streichelt noch ab und zu ihr Fell, hält aber vor allem das Zubehör in der Hand. Aus dem Tier schält sich der Mensch heraus. Es ist Reichtum, den die Frau in der Fremde erworben hat, alles, was der Mensch besitzen kann – ein Werkzeug und zugleich eine Waffe. Sie schaut das Werkzeug an, sie schaut die Waffe an, sie hat Abstand zu diesem Gegenstand und wechselt zu ihm hinüber und schaut sich von seiner Warte aus selbst an. Sie sieht sich, kann über sich selbst schreiben. Sie schreibt in der erworbenen Sprache, die sich fest anfühlt, so daß die Fremde sie halten kann. Auch wenn sich die neuen Worte zuweilen ihrer Hand entziehen, sie zerfließen nicht, zerbröckeln nicht, sie mögen davonrollen, aber die erwachsene Frau hat nun einen scharfen Suchblick. Sie sammelt die Sprache wieder auf. Aus geschmeidigen Worten schneidert sie sich ein Kleid für ihren geliebten, einzigen, weiblichen Körper. Nun ist sie angezogen. Diese unstillbare Sehnsucht nach Form. Ihre Ästhetik der Worte ist ein Gesetz, dem sich die Schrecken fügen und die so erträglicher werden.

Siebenundzwanzig Jahre sind seit der Flucht vergangen. Die neue Füchsin geht hinaus aus dem fremden Erdloch, wo sie überdauerte, sich sammelte. Nun ist sie sprungbereit. Das Loch ist zum Startloch geworden. Sie hört von Panzern und Hubschraubern, die ein kleines Bergland umkreisen, sie hört, daß das Land sich wehrt und stirbt, sich wehrt und stirbt. Seit dieser Nachricht ist sie unruhig, dreht sich im Kreis wie noch nie, jagt ihrem eigenen Schwanz nach. Auf einmal rennt sie los, rennt locker auf dem Bild von rechts nach links, mit einem buschigen, erhobenen Schwanz, jede Zottel steht ab, wie elektrisiert. Die Füchsin ist nun kein Instinkttier mehr, sie rennt zum Ursprung ihrer Entführung, sie rennt nicht vor etwas weg und nicht auf etwas zu, sie rennt der Würde wegen, um sich ihr zu stellen. Sie will jetzt ein Mensch werden.

Das Ziel ihrer Rückkehr ist nicht ihre Heimatstadt Bratislava, sondern das tschetschenische Dorf Sernowodsk. Vor ihr breitet sich der Hauptdarsteller des Krieges aus, der allgegenwärtige Schutt, aber dies ist auch nicht annähernd das passende Wort dafür, was sie in den Höfen, Häusern, Ställen und auf Straßen vorfindet. Sie murmelt auf russisch, in der

Sprache des Besatzers, die sie sich angeeignet hat: *oskolki, oblomki* (Splitter, Bruchstücke), sie ruft, in Bedrängnis geraten, ihre slowakische Ursprache herbei: *črepiny, prach* (Scherben, Staub), fügt das deutsche Wort »Trümmer« hinzu. Dieses Gemisch aus Materialien, Formen und Farben, diese verletzten Quader, Kubusse, die geschändeten Kegel haben keinen Namen. Es sind Dinge im Ausnahmezustand, für die kein Vokabular entwickelt worden ist. Auch für ihre Besitzer sind sie bloß Ableitungen der alten, nützlichen Gegenstände.

Für diese Dinge gibt es nur Sammelbegriffe, obwohl die Teile, Stückchen, Fetzen durch die Wucht des Krieges individuell geschnitzt und in einen anderen Zusammenhang gebracht worden sind. Gerade durch das Sprengen ihrer ursprünglichen Formen, durch die neue Gestaltung und den Schießpulvergeruch erhalten die Teile ein Eigenleben, ein invalides, ein zerrissenes. Die Besucherin im Krieg wird von ihrem Schmerz berührt, ohne zu begreifen, warum. Diese Dinge sind soeben verwandelt worden, sie haben keine Funktion mehr und werden als namenloser Schutt wieder weggefegt, zurechtgebogen oder durch Formen ersetzt, die man auseinanderhalten und benennen kann. Und die Fremde sehnt sich nach einer Sprache, die all diesen Dingen, die keine Dinge im herkömmlichen Sinne mehr sind, in ihrem neuen Stilleben im Krieg gerecht würde, sie präzise beschreiben könnte. Denn ohne Sprache fallen sie wieder auseinander, die Wahrnehmung verweigert die Weitergabe ans Gedächtnis.

Ich habe längst vergessen, wie ein Hof voll des nichtssagenden Wortes »Schutt« aussieht, nur einzelne faßbare Bilder habe ich daraus retten können: In der Hofmitte steht ein großes, staubiges Einmachglas halbvoll mit brauner Marmelade, und im gelben Metalldeckel klafft ein Messerstich. Ich nehme dieses Bild als eine Kriegstrophäe mit. Später werde ich das Einmachglas als meine eigene eingerissene Jugend verstehen, wie sie entblößt aus dem Schutt des Exils hervorragt. Erst im Schreiben darüber erkenne ich die Blutsbande zwischen mir und den zerstörten Dingen, erkenne die Stunde Null meiner Sprachlosigkeit, als ich in die Schweiz kam und dort inmitten der putzigen, soliden Fassaden zu Schutt zerfiel. Im Dorf Sernowodsk bin ich bei mir, bei meiner eigenen Geschichte angekommen. Ich kenne nur einen Ausweg, einen sprachlichen. Ich will diese Dinge nicht zusammenkleben, ihre Zerrissenheit nicht verbergen, nicht täuschen mit Ganzheit, so wie ich selbst nicht als unversehrt gelten will. Im Schreiben über den Krieg in Tschetschenien begreife ich, woher meine Sehnsucht kommt, der Zerstörung eine gerechte, eine sprachliche Existenz zu verleihen, gleich mir, die sich in der neuen Sprache aufgerichtet hat, in ihr die Würde der Verletzten fand.

Meine deutsche Sprache ist die Sprache einer ehemaligen Stummen, sie ist keine Selbstverständlichkeit, in jedem Wort ist der Überlebenswille. Diese Sprache soll nicht geglättet, mein Schicksal darf aus ihr nicht ausgemerzt werden. Meine Auferstehung in der deutschen Sprache ist das einzige Haus, das ich aufgebaut habe, die Worte sind meine gestalteten Dinge. In dieser Tat füge ich Mißtöne und Anmut zusammen, der poetische Akt ist meine Haltung zur Welt.

Die Frau stellt sich mit dem Gesicht vor die Panzer, endlich schaut sie in die jungen Gesichter der Soldaten, von denen sie einst weggezerrt worden ist und die sie so lange vermißt hat, daß das Warten in diesen Augenblick gemündet ist, sich darin erfüllt. Damals waren die Soldaten so alt wie sie, nun sind sie so alt wie ihr älterer Sohn. Wie oft träumte sie in ihrem Erdloch davon, Steine gegen die Besatzer zu werfen, gegen ihre bizarren Metallformen, die sie stets mit sich führen. Die Frau hat einen roten Presseausweis. Sie ist bewandert im Wortwurf, sie wird Hartes gegen Hartes werfen, Steine gegen Metall, ihre erworbene Steinsprache ist geeignet für den Kampf. Sie wirft sie ins Satellitentelefon, damit sie im deutschsprachigen Raum gedruckt wird, und wenn sie Tschetschenien verläßt, führt sie im Gepäck die Stimmen der bäuerlichen Wölfinnen mit sich und übersetzt sie ins Deutsche. Diese Frau ist keine Füchsin mehr, aus Sernowodsk kommt sie als Wölfin[1] heraus. Die Fabel ist zu Ende.

1 Der Wolf ist das Wappentier der Tschetschenen.

WO TOTE WICHTIGER SIND ALS LEBENDE

Wie lebt es sich in der unabhängigen tschetschenischen Republik Itschkeria

1998

Kommen wir heute als Gäste in die tschetschenische Republik Itschkeria, sind wir schon Geiseln, noch bevor wir welche werden könnten. Zwölf Leibwächter hat uns die tschetschenische Regierung zugeteilt. Sie säumen uns beidseitig, alle zwei Meter ein Mann, in ihrer Rechten das schußbereite Gewehr. Tag und Nacht sind die Männer zwischen uns und der Außenwelt, mit Pistolen, Kalaschnikows und Raketen. Steigen wir in einen Minibus, setzen sie sich neben uns. Vor dem Bus fährt ein Polizeiwagen und hinter uns noch einer und seitlich noch einer. Kommen wir an, schwirren einige aus und untersuchen das Haus. Dann gehen wir im Gänsemarsch hinein. Tritt jemand an uns heran, erkundigt sich der Kommandant nach seinem Begehren und sucht mit dem Blick die Umgebung ab.

Die russische Journalistin Jelena Masjuk reiste ohne Leibwächter und saß dann zweieinhalb Monate lang in einem Erdloch. Von den humanitären Helfern Camilla Carr und Jon James aus England kommen seit neun Monaten nur ab und zu Lebenszeichen. Die Entführer bleiben hart, und die britische Regierung weigert sich, Erpressungen nachzugeben. Zunächst gab es Entführungen nur an entlegenen Orten, heutzutage sind sie überall möglich. Unseren Leibwächtern wurde von Unbekannten ein Deal vorgeschlagen – hunderttausend Dollar auf die Hand. Sie lehnten ab, uns zu verkaufen. Sie haben zwar nur einen Pullover, aber sie besitzen etwas Wärmenderes – das Wissen um einen Krieg, in dem sie nicht auf der falschen Seite kämpfen wollen.

Dschochar-gala heißt die Stadt und nicht mehr Grosny,

nicht mehr das russische Eigenschaftswort »schrecklich« für die tschetschenische Hauptstadt, nicht mehr ein russisches Anhängsel im Nordkaukasus, sondern ein tschetschenisches Nomen – Dschochars Stadt, genannt nach Dschochar Dudajew, dem ersten gewählten Präsidenten Itschkerias, der vom russischen Geheimdienst umgebracht wurde. Die Ruinen des Krieges wurden weggeräumt. Diese Stadt hat keine Mitte mehr, sie ist geleert worden. Eine Leere mit Geschichte. Hier wurde für die Unabhängigkeit demonstriert, hier war das Epizentrum des Krieges, hierher kommen die Menschen, wenn sie sich selbst suchen. Ob es der Tod aber Tausender ist, der die Luft verdichtet?

Während die Stadt von den russischen Bombern zerstört wurde, richtete sich eine neue Architektur auf – die tschetschenischen Clans entwickelten die Idee der Nation. Ihr Stifter, der zu Lebzeiten umstrittene Dschochar Dudajew, der die Unabhängigkeit von Rußland auch zum Preis des Krieges gefordert hatte, scheint auferstanden. Die Menschen sagen, er habe den Anschlag überlebt, verletzt warte er im Verborgenen und werde sein Volk retten, wenn das Maß der Unerträglichkeit erreicht sei. »Dudajew lebt«, versichert sein Leibwächter, aber Dudajews Frau Alla trauert. Doch was heißt lebendig oder tot, wenn die Märtyrer des Widerstands wirklicher sind als die Lebenden, wenn das Leben erst beginnt, wenn man es verloren hat – und zwar für einen moralischen Wert? Hier beschloß der Mensch, sich nicht aufzugeben angesichts der Übermacht, und er wuchs über sich hinaus. Die von den Kugeln verschonten Kämpfer zweifelten an sich selbst: Warum darf ich nicht tot sein wie mein Bruder? Was ist falsch mit mir? Sie sangen und tanzten vor den Augen der schießenden Besatzungsarmee. Seit Jahrhunderten glaubt man in Itschkeria, an der Stirn der neugeborenen Knaben Todeszeichen zu sehen.

Die russischen Besatzer sahen bei diesem islamischen Volk nur das, was sie fähig waren zu sehen, und dem wollten sie ein Ende setzen, in der eigenen Auslegung des Todes als des Endpunkts. Unablässig warfen sie Bomben auf religiöse und nationale Insignien, auf die Moscheen und die Residenz Dudajews. Schwarz wie Asche sollte dieses Land werden. Dann werde es tot sein. Mit drei Farben, die heute als einzige Zierde die Hausmauern schmücken, wird das Nicht-zu-Ende-gebracht-Werden gefeiert: Neben den Einschußlöchern wehen die grünen Bänder der Islamkämpfer und die tschetschenische Fahne – zwei grüne Streifen für den Glauben an Allah, zwei weiße für die Güte, und aus der Mitte tritt ein roter Streifen für das Blut hervor, der wie ein Strom die anderen zu seinen Ufern macht.

Die Rettung wird aus dem Verborgenen erwartet, die Zerstörung kommt schon von dort. Zwei Drittel des Ackerlandes sind vermint, in den Wäldern wurden die Bäume durch Regen aus weißem Pulver entlaubt, darin hängen unexplodierte Geschenke, auf den Wiesen locken Spielzeugfrösche, die bei Berührung die Arme abreißen. Kinder klettern nicht auf die Berghänge. Sie sitzen im Stall neben dem zerbombten Haus. Vielen Kindern fehlen nicht nur Schuhe, sondern auch Glieder. Über ein Drittel der Minenopfer sind Kinder. Holz zu sammeln, Schafe zu weiden kann das Leben kosten. Itschkeria ist das mit Explosivkörpern drittverseuchteste Land der Welt, dreißig Jahre bräuchte es, um die Gefahr zu entschärfen, schätzt die internationale Organisation Hallo-Trust, die auf Entminung spezialisiert ist.

Die Menschen leiden an Ausschlägen und Erkrankungen der Luftwege. Ob in ihren Körpern die chemischen Waffen nachwirken oder die Erschöpfung der Seele und der Hunger? Zunehmend gibt es Neugeborene unter 200 Gramm, die kurz nach der Geburt sterben. Brutkästen liegen in den Trümmern. Neun von zehn Spitälern sind zerbombt, und jenes, das wieder aufgebaut worden ist, haben die Ärzte ohne Grenzen aus Angst vor Entführungen verlassen. Die Kämpfer, die sich in den Bergen unterkühlt haben, können ihre

Blasenentzündungen nicht behandeln lassen und werden unfruchtbar. Das medizinische Personal ist außer Landes gegangen, um sich selbst zu retten, statt zu heilen ohne Gehalt. Es gibt Orte, von denen etwas Unsichtbares kommt: Menschen verlieren ihr Bewußtsein und die Frauen ihre Föten. Der Boden strahlt aus industriellen radioaktiven Lagern, die durch die Bombardierungen beschädigt worden sind. Neben der Straße nach Argun hatte man ein medizinisches radioaktives Gerät ohne Schutzmantel vergraben, das erst kürzlich durch einen Roboter einbetoniert wurde.

Die humanitäre Hilfe kommt spärlich. Die westlichen Fernsehteams richteten ihre Kameras auf die zur Schau gestellten Hinrichtungen von zwei Mördern und auf den spektakulären Fall einer auf die Hinrichtung wartenden Schwangeren oder suchten nach Spuren eines entführten Schweizers, aber einen Schwenk zu der Stille ringsherum machten sie nicht. In ihr lebt Selita, gepflegt und lächelnd. Wenn sie nicht in Ohnmacht gefallen wäre, hätten wir nicht erfahren, daß ihr Unterarm deshalb blau ist, weil sie Blut gespendet hatte, um Essen zu kaufen für ihre Familie und die acht Waisenkinder ihres erschossenen Bruders. Selita hätte den Gästen ihre Sorgen nicht durch Worte enthüllt. Die Scham ist die Begleiterin der Not. Selita trägt einen gebügelten Rock und fühlt sich schuldig, daß darunter ihr Unterleib nicht glatt, sondern von Granatsplittern zerknittert ist.

Der kaukasische Mann ist dem Protz verpflichtet – ein großes Haus und darin fünf, sieben Nachkommen, für die er allein aufzukommen hat. Der Jeep hat das Pferd von früher ersetzt, neben der Handbremse liegt eine Waffe. Davon träumt der Jäger des Geldes in einem vom Krieg gerodeten Wald. Der Bauer kann sein vermintes Feld nicht bestellen, dem Arbeiter ist seine Maschine abhanden gekommen, der Lehrer lehrt umsonst. Laut der tschetschenischen Regierung beträgt die Arbeitslosigkeit neunzig Prozent. Die Tätigkeit des Mannes ist das Warten. In dieses Warten tritt der Onkel, der Schwager und gibt Geld, und wenn er wieder vorbeikommt und sagt: »Tue es für mich«, dann stülpt sich der Mann die Wollmütze über den Kopf und den Sack über den Kopf eines Fremden. In dessen Rippen stößt er die Kalaschnikow und führt ihn in den Keller ab, und wenn er ihm das Essen bringt, fragt er ihn aus, begierig nach einem anderen Leben, während er ihm sein eigenes Warten aufzwingt, für dessen Ende er hunderttausend Dollar oder eine Million verlangt.

Neuerdings ist die Sitte, mit der Kalaschnikow wie mit einem Aktenkoffer spazierenzugehen, per Gesetz zwar eingeschränkt worden, wird aber weiter gepflegt. Die Regierung hat auch die öffentlichen Hinrichtungen im Namen der Scharia endlich wieder abgeschafft. Sie schadeten der neuen Republik. Genauso, wie jeder tschetschenische Geiselnehmer das Negativbild seines Landes bestätigt. Rußland weiß die Entführungen für sich zu nutzen. Oder organisiert sie sogar mit, behaupten hier viele.

In Itschkeria versteht man die russische Politik zur Isolation des Landes als eine neue Kriegsphase, als Genozid durch Aushungern und Krankheit. Lastwagen mit humanitärer Hilfe warten auf eine Erlaubnis aus Moskau, die Grenze nach Itschkeria wurde vermint, russische Kontrollposten sind mit Milizen des Innenministeriums aufgestockt worden, welche die tschetschenische Bevölkerung als Sadisten aus Passion in Erinnerung hat. Sie bestehlen jetzt die kaukasischen Händlerinnen, Ernährerinnen ihrer Familien, die Waren von Rußlands Märkten in die Dörfer bringen. Am Weihnachtstag wurden den Passagieren eines Flugzeuges, das wegen Nebel in Südrußland landen mußte, von maskierten Uniformierten die Geldbeutel abgenommen. Das Tor über der Luft ist unter Kontrolle. Itschkeria ist aus der Luft nur über Moskau zu erreichen. Der tschetschenische Präsident Aslan Maschadow hat den Flughafen Scheijch Mansur in Dschochar-gala schließen lassen, um auf die Blockade durch Rußland aufmerksam zu machen. Moskau hat vorher schon die Einreise nach Itschkeria für Ausländer erschwert; sie ist lediglich mit einer Sondergenehmigung des russischen Innenministeriums gestattet.

Rußland wurde während des Krieges gegen das knapp Einmillionenvolk der Tschetschenen Mitglied des Europarates und bekam von den westlichen Steuerzahlern Milliarden von Dollars an Entwicklungshilfe nachgeworfen – um sie als Vakuumbomben, welche die Lungen zerreißen, und als Napalm über tschetschenische Dörfer abzuwerfen. Europa hat Rußland nicht aufgefordert, als Gegenleistung für die Finanzhilfe das Fremdwort »Dekolonisation« ins Russische einzuführen. Die Kolonialmacht ändert weder ihre Sprache noch ihr Tun oder Nichttun – hunderttausend Tote auf der tschetschenischen Seite, keine Bestrafung der Folterer, die in den russischen Konzentrationslagern, Filtrationslager genannt, freie Hand hatten, um Elektroden an empfindsamen Körperteilen der Verhafteten anzulegen und auch kein Geld für den Wiederaufbau und die Beinprothesen. Ein Nichtstun mit dem Einverständnis der russischen Bevölkerung, die Mehrheit der Intelligenzija inbegriffen. Aslan Maschadow will die russische Regierung, die das mit Itschkeria unterschriebene Abkommen mißachtet, vor ein internationales Gericht bringen.

Der russische Staat betätigt sich als Entführer. Waren bis jetzt vor allem die Straße, die Metro oder der Markt für die dunkelhaarigen Kaukasier mit Schnauzbart und mit einem Gang, der ihr Selbstbewußtsein mitten in Rußland verriet, riskante Orte, so dehnt er sich heute auf Wohnungen und Internate aus, aus denen sie in überfüllte Untersuchungsgefängnisse entführt werden. Dort gibt es zum Brei aus Perlgraupen und Würmern Prügel. Die russischen Entführer sind Staatsbeamte, die Lösegeld verlangen. Zwar bescheidenere als die kaukasischen Geiselnehmer. Dafür sind amtlich genannte »Personen kaukasischer Nationalität« Freiwild, und die »Bekämpfung des Terrorismus« ist großangelegt. Mentor des neuzeitigen Menschenhandels im Nordkaukasus war die russische Armee. An den Kontrollposten im ganzen Land wurden Knaben und Männer zwischen 15 und 65 Jahren ausgesondert und »gefiltert«. Was man technisch als »Filtration von Terroristen« bezeichnete, war Folter. Sie sollte den Körper und das Selbstwertgefühl des Kaukasiers brechen und außerdem seine Familie zwingen, den Folterern den ausgebliebenen Sold ums Tausendfache zu ersetzen. Standen die Täter in den Filtrationslagern unter Drogen, so feilschten sie doch nüchtern um die Preise. Auch Leichenverkauf lohnt sich, wenn nach lokalen Sitten die Toten als Heiligtum verehrt werden, wenn es zur Ehre des Vaters gehört, den Sohn ordentlich zu bestatten.

Der Krieg ist auf Boris Jelzin samt Gefolgschaft nicht eines schönen Morgens als Eingebung vom Himmel heruntergefallen. Monatelang vor dem Einmarsch in den Nordkaukasus wurde die russische Bevölkerung in den Medien auf die »schrecklichen« Tschetschenen vorbereitet. In Rußland heißt Dschochar-gala weiterhin Grosny. Die Stadt bleibt im kollektiven Bewußtsein als russischer Vorposten, den der General Jermolow bei seiner Eroberung im Jahr 1818 mit der Begründung errichtete, aus dem Kaukasus komme das ganze Unglück Rußlands – der bloße Name der Festung sollte die Bergstämme erschrecken.

Doch derjenige, der das Wort »schrecklich« in die Welt gesetzt hat, um sein eigenes Unglück abzuwenden, und der sich von seiner Sprache nicht mehr lösen kann, wird von ihr eingeholt. Erwähnt man heute in Moskau das Vorhaben, nach »Grosny« zu fahren, verbreitet man Schrecken. Rußland hat auch Schönes anzubieten, warum nicht ins Bolschoitheater gehen, wozu sich in die Hände der bärtigen Halsabschneider begeben? Zeigt man Verständnis für die Tschetschenen, leidet man am »tschetschenischen Syndrom« – bekanntlich eine Trübung des Verstandes.

Galten die Tschetschenen einst als blutrünstige Krieger und die grausamsten Drahtzieher der Unterwelt, die Rußland aussaugen, so wird heute das Wort »grosny« zugestopft – mit Geiselnehmern und Scharia-Fanatikern. Das angebliche Banditentum, vermischt mit dem gefürchteten Islam, ist ein explosiv beladenes Adjektiv. Die Anthropologen nennen die weiße Rasse *caucasoid*. In Rußland, das sich für weiß hält und damit sein Herrentum meint und behalten will, wird diese ins Schwarze umgepolt – die Kaukasier sind hier *tschornyje*, die Schwarzen. Itschkeria als »kriminelle Region« und »Herd der kriminellen Expansion« sind Standardbegriffe.

Für die russische Presse ist es selbstverständlich, daß die heutigen tschetschenischen Kriminellen allesamt ehemalige Widerstandskämpfer sind. Schon im Krieg wurden sie *bandity* genannt. Mit solchen Worten versucht die Kolonialmacht, Itschkeria als Geisel zu behalten. Im Jahr 2001 soll in Verhandlungen zwischen Rußland und Itschkeria über die Unabhängigkeit entschieden werden, so steht es im Friedensvertrag von 1997. Bis dann soll Itschkeria so geschwächt sein, daß es sich der atomaren Großmacht fügt.

Für Negativschlagzeilen in der Weltpresse sorgen die tschetschenischen Geiselnehmer, denn sie verschleppen Bürger aller Länder. Derweil die Geiselhaltung des tschetschenischen Volkes als »innere Angelegenheit Rußlands« bezeichnet wird – und dessen Chance auf Befreiung weit kleiner ist als die der europäischen Geiseln.

Der russische Waffenlärm vermochte das Bergvolk nicht zum Verstummen zu bringen. Die Stille, in die keine Hilfe kommt, ist wie diejenige der Minen. Als gäbe es sie nicht, weil man sie nicht nennt. Auch unsere Sprache muß behutsam entmint werden von überladenen Wörtern, die schlicht Lügen sind, von einer Denkträgheit, die fixe Bilder übernimmt, so daß von ihr Völker in die Luft gejagt werden. Führen wir das Wort »Grosny« zu seinem Ursprung zurück, ist es der Name einer Militärfestung, den sie von jenen erhielt, die sie errichtet hatten. Lassen wir doch das schreckliche Adjektiv in der russischen Sprache, es sagt etwas über seinen Schöpfer aus, wenn auch nicht alles. Fragen wir das tschetschenische Volk, wie es auf tschetschenisch heißt. Seine Selbstdefinition öffnet einen Raum, der alles zuläßt, in dem uns vieles vertraut ist. Denn die Tschetschenen nennen sich nicht Tschetschenen, sondern *nochtschi* – die Menschen.

Die Leere des Stadtzentrums füllt sich neu – entlang den Bäumen, die ihre Äste verloren haben, um den Bewohnern zu gleichen, wächst ein flüssiger Autoverkehr heran. Inmitten der Kargheit wurden Straßenlaternen und eine Fontäne aufgestellt. Mit Zärtlichkeit, mit Stolz zeigt man den Gästen den Überfluß, die paar Quadratmeter Sehnsucht nach Normalität. Nebenan ist ein Friedhof mit Mahnmal der stalinistischen Deportation von 1944, als nahezu das ganze Volk der *nochtschi*, gut eine halbe Million Menschen, in die zentralasiatischen Wüsten »entführt« wurde, in Viehwaggons, in denen viele den Verbannungsort nicht einmal als Leiche erreichten, da sie unterwegs hinausgeworfen wurden. Eine dreizehn Jahre lang währende Geiselnahme, bei der je nach Quellenangabe ein Drittel bis die Hälfte der *nochtschi* umkam.

In diesem Krieg gibt es für uns keinen Stadtspaziergang wie früher, vorbei an den russischen Panzern in der belagerten Stadt. Jenes Risiko war kleiner als das heutige, unsere Gastgeber durch Unachtsamkeit dem Ruf »grosny« auszuliefern. Es ist die harmloseste Art, kaukasischer Gefangener zu sein – und privilegiert zudem, mit der Rückfahrkarte in der Reisetasche. Sie vermittelt aber eine Ahnung vom Lebensgefühl des Eingeschlossenseins der *nochtschi*. Es mag eine Art Gerechtigkeit sein, dieses zusammen mit ihnen zu ertragen. Gerechter aber wäre es, fänden die *nochtschi* in der Welt auch Beschützer, wie wir sie haben. Die jungen Leibwächter sitzen um uns herum, die Kalaschnikow auf den Knien, und singen *sikr*. Die ekstatische Anrufung Gottes sprengt den Raum.

MATUSCHKA ROSSIJA UND IHR SOHN

Ein Politmärchen über Rußlands Krieg in Tschetschenien

2000

Es gibt ein slawisches Märchen von der Mutterliebe einer Frau, die ihren Sohn in Selbstaufgabe dermaßen verwöhnt, daß dieser keinen anderen Weg findet, um sich von ihr zu lösen, als sie mit der Axt zu töten. Als er den ersten wankenden Schritt weg vom Mutterhaus in die Welt hinaus tut, stolpert er über ihren abgehackten Kopf, fällt hin, und der Kopf fragt: Mein Söhnchen, hast du dir weh getan? Die Mutterliebe ist unsterblich, kopflos überdauert sie als Dogma alles. Das Söhnchen leckt nun Blut statt Milch, nährt sich dran und steht nicht auf. In einer noch viszeraleren Variante reißt der Sohn das Mutterherz heraus, das sich weiterhin um sein Wohl sorgt. In dieser zweigeschlechtlichen Märchenlandschaft gibt es weder eine Frau – die Mutter existiert nur durch die Sohnes-Possession – noch die Hoffnung auf einen Mann. Der Muttermord führt nicht zu einer Trennung von ihr. Diesen Dual-Autismus sehe ich auch als das gesellschaftlich-politische Fundament Rußlands. Hier geschieht keine Interaktion zwischen zwei voneinander getrennten Zentren, man ist gefangen in jener archaischen Symbiose zwischen der Mutter und ihrem erwachsenen Sohn. In der zähflüssigen Ursuppe ziehen das Private und das Öffentliche Fäden und Fehden.

Der russische Sohn kommt nach Tschetschenien, abkommandiert von Mütterchen Rußland als 19jähriger Soldat oder als krimineller Söldner. Verlaust, hungrig, in mythischer Angst vor den »bösen« Tschetschenen schießt dieser Sohn im Wodka-Rausch um sich, und auf der Suche nach Geborgenheit findet er einen Muttersatz. Am Kontrollposten bettelt er schamlos tschetschenische Bäuerinnen an, deren Häuser er in Brand gesteckt hat: Mütterchen, gib mir Milch; Tantchen, hast du nicht ein Stück Brot; Frau, für eine Flasche Wodka lasse ich dich durch. Die Tschetscheninnen erzählten mir schon im ersten Krieg solche Episoden von ihren kindlich-sadistischen Besatzern. Und sie rückten die Milch, das Brot heraus, das sie ihren Kindern vom Mund weggenommen hatten. Nicht aus Angst, vielmehr demonstrierten sie dadurch das Recht auf ihre nationale Eigenart, sie befolgten das Gebot der Gastfreundschaft, das im Kaukasus als höchster Wert geachtet wird. Sie sagten: »Wir begeben uns nicht auf das Niveau des Feindes hinab. Wir sind anders.« Für die Tschetschenin mag diese nährende Mütterlichkeit tatsächlich zur kulturellen Selbstbewahrung beitragen, dem Besatzer bestätigt sie sein Weltbild, daß die Mutter allgegenwärtig ist und sich um ihn sorgt, egal, was er ihr auch antut. Er braucht sich nur als mitleiderregendes Opfer darzustellen, wofür er sich ja auch hält. Seine »mütterliche« Regierung beläßt ihn ebenfalls in der Annahme, daß er kein Täter ist, das heißt, nicht losgelöst von ihr durch eine zu verantwortende individuelle Tat. Für die Greueltaten an der tschetschenischen Bevölkerung wurde weder im ersten noch in zweiten Krieg irgendein Soldat verurteilt.

Wladimir Putin zeigt sich auch als der mißratene Sohn, der um sich schlägt, um ein Kerl zu werden. *Matuschka Rossija* hätschelt ihn, nicht trotz des Blutbades in Tschetschenien, sondern gerade deshalb hat sie ihn gewählt, stolz darauf, daß ihr schmächtiger großer Junge eigenhändig einen Bomber in die Ruinenstadt Grosny steuert, in die Steinzeit, die sein Werk ist. Je schuldiger er wird, um so mehr gehört er ihr. Die Zerstörung wirkt zwar auf den Sohn wie eine Loslösung, wie befreiende Manneshärte, wenn durch die Trümmer ein Luftzug geht, aber je größer die Blutlache, um so klebriger seine Abhängigkeit. Die Selbständigkeitsbestrebungen eines winzigen kaukasischen Volkes, welches sich vom kolonialen Mutterland mit solch einem verbissenen Kampf abzutrennen versucht, bringen den Sohn in höchste Wutwallung. Hier wagt jemand, seine eigene verhinderte Sehnsucht zu verwirklichen. Dies ist der Schuldige am eigenen Unglück. Und Mütterchen Rußland jubelt dem Feldzug gegen den Frechling zu, damit niemand das Urmodell der Osmose in Frage stellt, in Unkenntnis eines anderen Lebensstils und in Abwehr dagegen. *Matuschka* belohnt den neuen Wächter ihrer Grenzen, ihrer Grenzenlosigkeit mit dem einzigen, was sie anzubieten hat, mit noch mehr Bindung an sich.

Welche Machtkreise neben dem KGB-FSB halten Wladimir Putin als Marionette in ihren Händen, da sie ihm zur Macht verholfen haben, damit er zum Vollstrecker ihrer eigenen Interessen wird? Es gibt Hinweise darauf, daß die Bombenanschläge auf Hochhäuser in Rußland nicht von sogenannten tschetschenischen Terroristen, sondern »von oben« veranlaßt worden sind, um den Krieg zu rechtfertigen und damit einen quasistarken Mann in den Präsidentensessel zu hieven. Der nur noch im Suff lallende Sohn Boris Jelzin, in aller Öffentlichkeit von Frauenarmen gestützt, die ja dafür da sind, hat das Maß der fehlgeschlagenen Männlichkeit zu lange überzogen. Insofern wirkt der Rambo spielende Putin in seinem militärischen Strampelanzug schon erwachsener. Doch wie er auch eine starke Persönlichkeit vortäuscht, er ist ein ferngelenkter Zombie, ein Sohn von *matuschka.*

Das Erstarken des Westens proportional zur Schwäche des Ostens verschärft die Hackordnung. Die russischen Minderwertigkeitskomplexe dem Westen gegenüber stacheln den Überlegenheitskomplex gegenüber anderen Völkern im eigenen Reich an. Ein ganzes Volk soll ausgerottet werden, um das eigene angeknackste Selbstbewußtsein aufzurichten. Ich begegnete armseligen russischen Soldaten, die in Wut und Neid gerieten, als sie die großen und gepflegten

Bauernhäuser der Tschetschenen sahen. Aber statt den ausgeprägten tschetschenischen Erbauergeist zu schätzen, kennt Rußland nur einen Ausweg – zu plündern und so lange zu bombardieren, bis nichts Bewundernswertes beim anderen übrigbleibt. Wenn es mir schlecht geht, soll es dir noch schlechter gehen. Der Krieg verläuft parallel zur wirtschaftlichen Brutalisierung des russischen Alltags und zur Abhängigkeit von westlichen Märkten.

In den Klagen über den Zerfall des Imperiums taucht als zentrales Wort der intime Begriff »Liebe« auf. »Wir liebten uns doch früher alle so, warum lieben uns jetzt die Kaukasier, die Balten, die Kasachen nicht mehr? Warum wollen uns alle verlassen? Wir haben ihnen geholfen, ihnen die Kultur gebracht, uns für sie geopfert, und sie vergelten es uns mit Bösem.« Das Böse heißt die Autonomie des anderen. Der Entkolonisierungsprozeß, ausgelöst von unterjochten Völkern, wird vom symbiotischen Kolonialherrn als persönliche Liebesenttäuschung erlebt. Eine nicht vorgespielte Bestürzung ist das in jedem Einzelnen, die in einem kollektiven Vernichtungszug gegen das »Liebesobjekt« gipfelt. Erzwingen wird man sich diese Liebe, auf verbrannter Erde, unter Folter in den Filtrationslagern. Sogar in den spärlichen Reihen der russischen Kriegsgegner wird kaum erwähnt, daß der Krieg vor allem tschetschenische Zivilbevölkerung trifft: Frauen, Kinder, Alte.

Es wäre fast amüsant, wenn es nicht so tragisch wäre, die tiefe Trauer in den Gesichtern von Russinnen und Russen zu erleben, wenn ich erwähne, daß ich tschetschenische Freundinnen habe. Dieses Reizwort löst einen Schwall von »Beweisen« für die Schlechtigkeit des tschetschenischen Volkes aus. Auch intelligente und gütige Russen meinen, mich Unwissende müsse man bloß gebührend aufklären über diese Sklavenbesitzer, Halsabschneider, Mafiosi und Islamisten. Manchmal wird feinfühliger unterschieden zwischen den »bösen Separatisten« und den »guten« Tschetschenen, die den Anschluß an Rußland befürworten, als hätten die Tschetschenen zur Zeit eine Alternative zu Unterwerfung oder Tod. Die Gastgeber verstehen es als moralische Pflicht »ihren« Gast vor den gefährlichen Kaukasiern zu beschützen, mit denen sie sich selbst nicht einlassen würden. Und ihre feste Werteskala wankt – die Westler müßten sich doch Rußland, das europäisch ist, näher fühlen als den »zweit-, drittrangigen« Völkern in ihrem Reich. »Die Tschetschenen, diese Banditen, haben diese Unwissende eingewickelt.« Sorgenvoll schütteln sie den Kopf.

Es ist, als sitze vor ihnen ihr leiblicher, auf Irrwege geratener Sohn, der von *matuschka* auf den rechten Weg zurückgebracht werden muß. Die ungefragte Sohnfabrikation etabliert sich in jeder noch so zufälligen Gruppierung. Der bloße Seitenblick aus dem Küchenfenster, dieses erweiterten Mutterkuchens, ist schon Verrat: wo willst du schon wieder hin, bleib bei mir, da, iß, nimm, und der unaufhörliche Tanz der runden Arme vom Herd zum Tisch wird zu jener Urbewegung, die alle leiblich und geistig aneinander bindet. Dazu wird die Klage serviert: Rußland geht es schlecht, am schlechtesten von allen, hilf uns und niemandem sonst. Kauernd auf Atomwaffen, bar jeglicher Selbstdistanz wird jeder Blick von außen mißtrauisch gedeutet – ist der Andere da, um uns zu vernichten oder um sich mit uns zu verbünden? Die Mutterhöhlenmentalität kennt kein neutrales Verhalten. Fällt ein kritisches Wort, läßt sich Wladimir Putin auf einem Atom-U-Boot fotografieren, und der Europarat betreibt Realpolitik und nimmt die Kritik zurück. Der sonst so väterlich auf Unterscheidung pochende Westen wird mütterlich nachsichtig und nebulös, wenn es um Rußland geht. Immer wieder reden die westlichen Politiker von Menschenrechtsverletzungen, die zu untersuchen seien, um sich ein Bild der Lage zu machen, als wären die offensichtlichen Tatsachen der ständigen Bombardierungen des gesamten Tschetscheniens und das Vorhandensein von Konzentrationslagern nicht verabscheuungswürdige und sanktionsbedürftige Verbrechen genug.

Nicht nur scheuen sich internationale Organisationen wie die OSZE, Kontakt mit den ofiziellen Vertretern des gewählten Präsidenten Aslan Maschadow aufzunehmen, an westlichen Veranstaltungen treten »europäisch« verpackt, quasineutral analysierend russische Referenten als Experten für Tschetschenien auf. Der gemeinsame Nenner in ihren Ausführungen ist die Ablehnung der tschetschenischen Eigenstaatlichkeit. Tschetschenische Fachleute lädt kaum jemand ein. Auch russische Menschenrechtskreise, die nicht unbedingt weniger rassistisch sind, übernehmen paternalistisch die Rolle, in Genf oder in Straßburg die Menschenrechtsverletzungen an der tschetschenischen Zivilbevölkerung zu präsentieren, statt tschetschenische Menschenrechtler heranzuziehen. Verjagt aus ihren Häusern, ständig bedroht durch willkürliche Verhaftungen, systematische Vergewaltigungen von Männern wie Frauen, Beschlagnahme auch des kleinsten Besitzes, verunglimpft als islamische Fanatiker, wird dem tschetschenischen Volk nicht nur das Existenzrecht entzogen, sondern auch die Möglichkeit, es der Welt aus eigener Sicht mitzuteilen.

Das russische Lebensgefühl, auf Gedeih und Verderb *matuschka Rossija* ausgeliefert zu sein, sollen alle teilen. Neben Blutvergießen entlädt sich das Aggressionspotenzial über diese Abhängigkeit auch verbal. Das häufigste Schimpfwort, das wie ein Refrain die Sprache des russischen Sohnes über alle Schichten hinweg durchzieht, spricht für sich – *job tvoju matj*, fick deine Mutter. Bei jeder kleinsten Alltagsverärgerung wird die Mutter geschändet, was wohl eine Erleichterung verschaffen soll, eine Art Emanzipation des Sohnes heraufbeschwört, aber da zwischen mir und dir nicht unterschieden wird, fällt der Fluch der unerträglichen sexuellen Nähe mit der Mutter auf einen selbst zurück. Grobes Fluchen heißt auf Russisch *mat, materijsja, materschtschina*, es stammt von *matj*, die Mutter ab, an die es unzertrennlich gekoppelt ist. Im vaterdominanten Kaukasus ist *mat* dermaßen tabu, daß die russischen Soldaten, die in jedem Satz die Ausdrücke automatisiert gebrauchen, wegen dieser schlimmsten Ehrenverletzung von den Tschetschenen umgebracht werden können. Die russisch-kaukasische Grenze ist auch diese sprachliche.

Rußland, hin- und hergerissen zwischen Mutterhaß und Mutterrespekt, läßt dann eine andere Meinung gelten, wenn diese geprüft ist durch die Leiden einer Mutter, deren Sohn für die Allmutter *matuschka Rossija* gefallen ist. Die sowjetische Kriegsliteratur sowie die Werke des sozialistischen Realismus stilisieren die durch den Tod des Sohnes erwachte Mutter zu einer heroischen Figur. Schon im letzten Krieg wie auch jetzt werden trotz Zensur offene Briefe von Müttern publiziert, die den Präsidenten wie einen verbrecherischen Sohn verfluchen. Eine Mutter nennt ihn einen kinderfressenden Schakal und wünscht ihm die Qualen einer Mutter, die monatelang den Leichnam ihres Sohnes sucht, bis sie endlich aus der vermengten Asche zweier Toten »ihre« verkohlten Knochenreste herauslesen kann. Auf solche Sprache kann kein Zar etwas Wesentliches einwenden. Sie ist stark, doch für ihn ungefährlich. Es ist die Sprache der Nur-Mutter, die über ihren Nesthorizont nicht hinausschaut, bar der Einsicht dafür, daß der russische Sohn am Genozid beteiligt war, Kinder anderer fraß.

Im ersten russisch-tschetschenischen Krieg formierte sich die einzige breitere Bürgerbewegung gegen den Krieg aus den russischen Soldatenmüttern, die ihre Söhne von der Front abholten, und sie besteht, wenn auch geschwächt, bis heute. Nicht Ehefrauen, nicht Väter, nicht Söhne selbst, nicht einfach Bürgerinnen und Bürger handeln. Doch die meisten Soldatenmütter protestieren nur so lange, bis sie ihren Sohn zu Hause haben. Den zur Passivität Verurteilten versteckten sie dann sozusagen unter ihrem Rock, da er sonst als Deserteur für zwei Jahre in den GULAG kommt. Obwohl sich in den Komitees der Soldatenmütter auch Frauen engagieren, die keine Söhne im Krieg haben, tun sie dies zur Rettung der Söhne Rußlands und bleiben somit Nur-Mütter. Den russischen Soldatenmüttern fehlt es an Größe, solange sie die imperiale Größe von *matuschka Rossija* auf Kosten der Vernichtung anderer dulden.

Infolge von Bombardierungen sind die wenigen unversehrten Häuser in Tschetschenien dermaßen überfüllt mit Flüchtlingen, daß die Männer und die größeren Knaben draußen schlafen, um den Frauen, den Mädchen und den Kindern das Haus zu überlassen. Dadurch halten sie die in der Kultur der Wajnachen, wie sich die Tschetschenen und ihre volksverwandten Inguschen selbst nennen, tief verankerte Trennung ein – die zwischen der Mutter und ihrem heranwachsenden Sohn und allgemein die zwischen den Geschlechtern. Im benachbarten Inguschetien, wo sich durch die Flüchtlinge die Bevölkerung verdoppelt hat, führt die aufgezwungene Nähe zu enormem Streß und zur Zerstörung der nationalen Identität. Es erscheint mir nicht abwegig, neben den geostrategischen Interessen auch den Neid als Faktor im Feldzug gegen den Nordkaukasus anzuführen – den Neid des im geistigen Inzest lebenden russischen Sohnes auf eine Kultur, die die Loslösung von der Mutter als Vorbedingung für die Menschwerdung fordert. Die räumliche und geistige Distanz zwischen Menschen ist zwar bei den Wajnachen vor allem geschlechtsspezifisch und ihre Form durch die Gebräuche streng vorgegeben, aber das Recht auf Abgrenzung ist grundlegend für ihren Begriff der menschlichen Würde und Existenz überhaupt.

TOD AM ZÜRICHSEE

Aus dem Frühlingstagebuch einer Schreibenden

2001

Eine halbe Stunde vor dem Anbruch des neuen Jahrtausends erleuchtete mich der Plan, einen Roman zu schreiben. Sogar die Hauptheldin trat vor meinem geistigen Auge hervor: eine Kriegsfrau, eine Tschetschenin, eine Besessene von ihrer Aufgabe, fremde Seelen gegen den Krieg zu sammeln, glatte Seelen im Westen ausfindig zu machen, sie mit Kriegsgeschichten einzureißen, um sie so, wund geworden, zur gemeinsamen Friedensarbeit zu verpflichten. Als die Basler Kirchenglocken den Übergang einläuteten, stand ich mit meiner Familie auf unserem Balkon und schwor, im Jahr 2001 einhundert Seiten zu vollenden. Mindestens.

Schon am 1. Januar schrieb ich eine ganze Seite. Anfang Februar warf ich auf der fünfzehnten Seite meine Heldin, nachdem sie aus einer Berliner Antikriegsveranstaltung in die Metro hinabgestiegen war, unter den Zug und ließ sie im Tod die Schönheit ihrer eigenen Seele erkennen. Ich selbst stieg glücklich aus dem Roman hinaus. Im Grübeln über das entgangene Geld, kürzte ich den Roman auf ein vierseitiges Porträt, strich den Tod der Heldin und schickte das Manuskript als aktuellen Beitrag an eine große Schweizer Zeitung.

Die Vorlage für meine Heldin kam gerade in die Schweiz – zusammen mit Friedensaktivisten hatten wir meine tschetschenische Freundin und Menschenrechtlerin Sainab Gaschajewa zu Veranstaltungen eingeladen. Da meldete sich die Redakteurin und ließ sich begeistert über das Porträt aus. Wie intim sie sprach, wie sie sich den Text schon einverleibt hatte! Ich war soeben nach einer Schullesung nach Hause gekommen, an der ich Sainab gedolmetscht hatte, habe das

Licht noch nicht angemacht und lauschte der Stimme im Dunkeln. Ich weiß um mein intensives Verhältnis zu dieser Berufsgattung, daher disziplinierе ich mich zum Gleichmut gegenüber Lob und Ablehnung meiner Arbeitgeber. Ein den Text behutsam streichelnder Redakteur ist, unabhängig vom Geschlecht, durchaus fähig, Verliebtheit in mir auszulösen, und jemand, der ihn grob behackt, Ekel und Feindseligkeit. Ich will mir aber diese Intensität für Anderes aufsparen. Und doch verstehe ich meine Gefühle, ich suche ja ein gutes Dach für meine geistigen Kinder, unter dem sie, veredelt durch Korrekturen, untergebracht werden sollen. In den Redaktionen lauern viele Stümper, die ihnen Glieder ausreißen und Prothesen anlegen. Die Feinfühligkeit dieser Redakteurin war verbürgt. Einmal waren wir gemeinsam über eine meiner Reportagen gegangen, hatten lange bei jeder kleinsten Unebenheit angehalten, die Sprachlandschaft mit mikroskopischen Blicken untersucht. Wie gerne würde ich wieder mit ihr auf eine Textreise gehen!

Sainab hatte Alben voller Fotos aus dem Krieg mitgebracht. Schon am nächsten Tag stand ich mit ihr im Treppenhaus der Zeitungsredaktion. Der Bildredakteur holte uns ab, und wir quetschten uns in den Lift hinein, der plötzlich zwischen zwei Stockwerken stehenblieb. Der Redakteur fluchte, meine Heldin lachte, und ich blieb vorläufig abwartend. Der Redakteur hatte ein Handy, und in regelmäßigen Intervallen meldete er, daß wir bald befreit werden würden, während Sainab immer mehr lachte, was mir Sorgen bereitete, da sie dadurch mehr Luft verbrauchte. Der Redakteur erzählte, einmal war er mit einem gewichtigen Autor auch so steckengeblieben, und sein Begleiter sei in Panik allmählich in die Knie gesunken. Ich bekam Atemnot und spähte nach winzigen Luftströmen neben der Tür. Als diese aufging, sagte die Kriegsfrau, sie wäre gerne diesen originellen Tod im Zürcher Lift gestorben, denn in Tschetschenien sei der Tod banal.

Sie breitete dann auf dem Redaktionstisch die Fotos dieses alltäglichen Todes aus, den die Textredakteurin wie auch der Bildredakteur in der Tat banal fanden: verkohlte Leichen mit abgeschnittenen Köpfen, Kuhkadaver im Schlamm, dazu der Tod ganzer Dörfer und die Trümmerkulisse von Grosny. Der Bildredakteur ging wortlos weg. Die Textredakteurin hatte erschrockene Augen, als sie sagte: Dieser Tod ist nicht umgesetzt, er stößt ab, er ist tot. Ihr Text dagegen, wandte sie sich an mich, ist nicht ihre Heldin, er lebt sein eigenes Leben, mit ihm will ich leben. Wer aber könnte diesen Krieg visuell lebendig machen, fragte ich. Die Bilder müssen gut sein, machen Sie sich auf die Suche, manchmal sind Bilder synchron zum Text unterwegs, ohne daß beide es voneinander wissen. Ich war entschlossen, für meinen Text einzustehen. Ich bat die Träume um Rat. Es vergingen drei Nächte ohne Antwort. Am vierten Tag erhielt ich den Prospekt zu meiner Lesung in einer Schweizer Kleinstadt. Darauf war ein Kriegsfoto ohne Leichen, es zeigte die Umarmung zweier tschetschenischer Flüchtlingsfrauen auf einem dunklen Feld neben vollen hellen Taschen. Der Fotograf war ein Russe, mit dem ich in Tschetschenien unterwegs gewesen war. Ich rief ihn in Moskau an: »Warst du wieder im tschetschenischen Krieg?« »Ich war in Inguschetien, in den Zeltlagern.« »Hast du viele Aufträge?« »Seit einem Jahr keine.« »Schicke mir die Bilder mit Eilkurier.«

Dann vergaß ich den Text, den Krieg, der Frühling kam leidenschaftlich, er öffnete die Magnolien, ich wanderte durchs Elsaß, sah Bussarde und einen weiten Horizont. Ich brachte Erde und kleine Rosensträuche auf unsere Veranda hoch. Mein dunkelhaariger Sohn färbte sich die Haare blond, ich färbte mir die Augenbrauen schwarz. Morgens schrieb ich wieder Träume auf und durchsuchte Manuskripte nach Märchen, fand siebzehn Märchen aus zweieinhalb Jahrzehnten und beschloß, ein Märchenbuch zusammenzustellen. Ich fragte meine beste Freundin, ob sie Bilder dazu malen würde. Wir trafen uns in einem Märchenbuchladen und schrieben Verlage mit den schönsten Märchenausgaben heraus. Am besten gefielen mir Illustrationen eines Russen, die in Schwäne verwandelte Söhne zeigen, gefangen in einem Netz, das große Greifvögel mit ihren Schnäbeln durch den Himmel ziehen.

An einem Morgen windete und regnete es, als der Angestellte des Strafgerichtes anrief und mich bat, bei Gericht aus dem Russischen zu dolmetschen. Ich dachte gleich an junge Delinquenten aus Rußland und nahm mir vor, kein Mitleid zu empfinden. Meist ähneln diese jungen Männer meinen Söhnen, und es geschah oft, daß ich ihre Partei ergriff und die Haftrichterin fragte, ob sie es richtig finde, die Jungs für den Diebstahl von zwei Paar Turnschuhen und des Verdachts auf mehr für drei Wochen einzulochen. Die Richterin meinte, im Gefängnis gehe es ihnen gut, dort kämen sie zum Nachdenken wie sonst nie. Ich gab einmal für einen solchen Sohn Tolstojs »Auferstehung« auf Russisch über den Pförtner des Untersuchungsgefängnisses ab. Diesmal wollte ich mich nicht einmischen, wollte die Söhne ziehen lassen.

Es waren drei. Zwei waren blond und halbwüchsig, einer war dunkel und schon ein Mann. Sie hatten angeblich drei Handys gestohlen. Drei Polizisten brachten sie in Handschellen. Drei verschiedene Anwälte vertraten sie nacheinander. Der eine Angeklagte behauptete, Russe aus Tadschikistan zu sein, der zweite Russe aus Usbekistan, der dritte Russe aus Weißrußland. Sie gaben an, in ihren Ländern seien sie als Angehörige der russischen Minderheit verfolgt, und baten um Asyl. Der letzte flehte mich an, bei ihm bis zur Urteilsverkündung auszuharren. Natürlich, das ist doch meine Rolle hier. Ich sagte es bemüht nüchtern. Die Nähe bedrängte mich. Die Vorführungen vor den Haftrichter finden in einem schlauchartigen Keller statt. Die Polizisten stehen dort bewaffnet neben der Tür, es scheint grelles

Neonlicht, man wirkt bleich. Der Jüngste stotterte. Auf mir lastete die Schaffung von sprachlicher Klarheit. Ich fühlte einen starken Fluchtinstinkt wie auch den Drang, diese Normalität zu zerstören. Ich dolmetschte automatisch, durch mich rasten literarische Assoziationen, von Dostojewski zu Kafka, und bruchstückhaftes politisches Wissen über die Herkunftsländer der Angeklagten.

Nach drei Stunden Verhandlungen hatte ich kein Urteil gefällt. Der Stil der Veranstaltung bestand in einer besonderen Art von Lüge, deren Peinlichkeit verhärtet zwischen allen Beteiligten stand. Ich empfand es als Erleichterung, über Recht und Unrecht nicht entscheiden zu müssen. Der Haftrichter entschied es und ließ die Angeklagten frei. Der Jüngste freute sich darüber, die anderen blieben gleichgültig. Als ich das Honorar kassierte, rief ich ihnen zu: *wsego dobrogo*, alles Gute. Es wurden ihnen wieder Handschellen angelegt, um sie in die Ausschaffungshaft abzuführen. Von dort deportiert man sie zurück nach Tadschikistan, Usbekistan und Weißrußland. Am Abend dachte ich an sie, eine Nähe hatte sich trotz meiner Zensurversuche in mich eingeschlichen.

An einem sonnigen Vormittag kam eine junge Slowakin. Sie brachte ihr Kaschauer Abiturzeugnis und bat mich, es ins Deutsche zu übersetzen. Sie war achtzehn, hatte ein rundes Gesicht wie ich, als ich in die Schweiz gekommen war, und das Slowakische sprudelte aus ihr wie damals aus mir, als das Deutsche noch nicht dazwischenstand. Sie plauderte von ihren Freundinnen aus der Ostslowakei, die in Basel mal mit dem türkischen, mal mit dem jugoslawischen Restaurantchef schlafen und meinen, sie müßten es tun. Und sie erzählte von sich, daß sie nach der Arbeitsschicht Deutsch lerne und hier studieren wolle. Sie zeigte mir das Anmeldeformular der Basler Universität, auf dem neuerdings die Bedingungen zur Aufnahme auch auf Slowakisch stehen, allerdings nur zu Hälfe des Satzes, die zweite Hälfte ist auf deutsch, und den Übergang markiert ein Komma. Wir lachten darüber, als wäre zwischen der Slowakei und der Schweiz nur ein kleines Komma geblieben. Meine Landsmännin schien innen und außen hell zu sein, und als sie ging, schwor sie aus Furcht und Haß, die slowakischen Romas bereiten sich darauf vor, die Schweiz einzunehmen. Wie leicht hatte sie ihren vertrauten Feind über das Komma hinweg bis nach Basel gebracht!

Am nächsten Tag fuhr ich mit dem Zug an den Zürichsee. Auf Reisen trage ich Oropax bei mir. Wenn ich nämlich laute, unbehauene Stimmen in mich hereinlasse, saugen sie dort alles aus. Es ist die nicht umgesetzte Sprache Anderer, die in meine Substanz eindringt. Unser Coiffeur im Erdgeschoß fühlt sich wiederum durch die ungepflegten Frisuren der Passanten bedroht, so daß er sich in seinen Laden verkriecht, wo er dem aktiv Abhilfe leistet. Wäre ich überhaupt eine Schreibende geworden, wenn ich diese magische Abwehr durch die Schrift nicht tun müsste? Es war Abenddämmerung, als ich im Volkshaus ankam. Zum Schluß las ich meinen vierseitigen Roman vor und bemerkte, wie traurig er uns alle machte. Ich teste an den Lesungen gerne neue Texte, denn nachdem sie veröffentlicht worden sind, gehören sie mir nicht mehr, eine Scheu hindert mich, das schon Gedruckte abzuändern. Zwischen den Zeilen dachte ich an das anständige Honorar und nahm mir vor, meine Honorarsätze um ein Drittel zu erhöhen. Das Publikum klagte im Diskussionsteil über die vielen Kriege: Was kann man schon dagegen tun! Ich meinte wiederum, es gebe gerade deshalb viel zu tun. Meine ostdeutsche Freundin Barbara, die in der zweiten Reihe saß, zitierte Hannah Arendt, die den Holocaust in der mangelnden Vorstellungskraft begründet gesehen hatte. Wie wenig von dieser Kraft im Volkshaus vorhanden war, das entnahm ich auch daraus, wie sich das Publikum aus meinen Texten da einen Satz, da ein Wort, dort ein Bild entrissen hatte und damit in den hochgestreckten Händen wedelte.

Ich kam mir nach der Vorstellung gerupft vor. Doch ich schüttelte mich kurz, und schon sah ich mich unverletzbar durch die Welt mit meiner Schreibsprache wie mit einer Machete vorwärtskommen. Nach der Lesung verkaufte ich fünf Bücher, und eines verschenkte ich, um unbeschwert davonzugehen.

An einem Freitag folgte ich einer Einladung in die Slowakische Residenz in Bern. Der Botschafter, der einen Heldennamen aus einem slowakischen Märchen trägt, stellte sich in die Mitte der Männerrunde eleganter Landsleute und sagte, daß unser Volk immer unterjocht gewesen war, viel gelitten hatte, nun endlich selbständig sei, aber immer noch leide, und er forderte uns auf, nach all unseren geleisteten Schweizer Erfolgen uns für eine ganze Weile der alten Heimat zuzuwenden, ihr in der Not behilflich zu sein. Ich bin anfällig für Hilferufe, stürze mich gerne in Rettungsaktionen, schon des heroischen Sturzes wegen, daher nahm ich vom Buffet ein Salamibrötchen, um kauend über den Notruf nachzudenken. Da ergriff ein hagerer, frisch gebräunter Mann das Wort. Dann folgte die Aufzählung seiner Taten zugunsten der armen Heimat, und diese bestanden in angeblich teuersten Automarken, die sie dank seiner Vermittlung unsere Landsleute aus der Schweiz ins schwergeprüfte Heimatland gebracht hatten. Ein Schriftsteller neigte sich zu mir: Ist dies etwa eine Rede gegen die Radfahrer?

In der Runde stritt man sich. Ich betrachtete das Alpenpanorama durch die Glaswand, die sich hinter den Ledersesseln wölbte. Die Alpen sind von den Postkarten dermaßen mißbraucht worden, daß, wenn ich sie in Natura erblicke, ich sie als einen Abklatsch von den letzteren erlebe. Da trat ins Zentrum eine divaähnliche Frau mit einer Perlenkette und berichtete von ihrer Tat für die verlassene Heimat, die sich darin erschöpfte, daß sie einmal ein Schweizer Ehepaar in den Urlaub nach Bratislava geschickt hatte, wo dieses von einer slowakischen Familie aufopfernd gefüttert und herumkutschiert worden war und danach mit der Einsicht zurückkehrte, daß es auch hinter Wien Menschen gebe, gar anständige. Die Diva empfahl den Anwesenden ihrem Beispiel zu folgen, denn nur so, indem wir unseren Landsleuten die Schweizer auf den Hals schicken, erfahre der Westen hautnah die Vorzüge unseres gastfreundlichen Landes. Und so kurble man den Tourismus an, der sich dann von alleine rettend auf die Slowakei auswirken werde. Es wurde spät, zum Abschied schüttelte ich die Diplomatenhand und versprach, bald eine schöne Reportage über die Slowakei zu schreiben, und ich nahm es mir fest vor.

An einem Aprilmontag läutete der Eilbote und überbrachte fünfzehn große Schwarzweißfotos. Die Blicke der Tschetscheninnen vor den Flüchtlingszelten waren ernst, matt wie Steine, wie Augen von Menschen aus dem Altertum, erschöpft vom Wissen ums nackte Überleben. Aus ihnen blickte der gesehene Tod und das Leben an seinem Rand. Ich war noch aufgeweicht von ihnen, als die Redakteurin anrief. Es eilt, ein Autor habe eine noch unausgereifte Reportage zu guten Bildern geschrieben. Der Platz in der übernächsten Ausgabe sei frei. Haben Sie die Fotos? Sie sind unterwegs zu Ihnen. Könnten Sie den Text bis Morgen um eine Seite erweitern? Auch um zehn oder elf. Die Redakteurin lachte beschenkt, und ich ließ die Gefühle zu ihr frei, und sie legten sich zu meinen Füßen gleich einer warmen, wohligen Welle. Dann, an einem schönen Samstag erschien auf drei großen Seiten mein Roman, allerdings mit den Fotos der kanadisch-tschechischen Fotografin Iva Zimová – auf dem Titelbild hingen vor einer Kulisse aus Schutt und einem invaliden Haus in Grosny auf einer Garderobenstange sechs lange Samtkleider mit langen Ärmeln und tiefen Ausschnitten, als riefen sie nach den Seelen der Trümmerfrauen.

DIE SAMMLERIN DER SEELEN

Porträt einer Tschetschenin

2001

Sainab sucht fremde Seelen, Soldaten gegen den Krieg sammelt sie, Soldaten ohne Kalaschnikow, nicht tote Seelen, lebendige will sie, solche mit Riß. Sie ist es, die sie einreißt, mit dem durchschossenen Körper ihres Volkes, den sie durch die westlichen Städte des Friedens trägt, Fotos der abgerissenen Glieder und der verkohlten Leichname zeigt und erwartungsvoll lächelt. Wenn die glatte Seele einreißt und sich für eine Weile dem Kaukasus zuwendet, freut sich Sainab. Sie nennt es Freunde sammeln an der Westfront. Wenn Sainab es schafft, die fremde Seele vom Frieden weg in die tschetschenischen Ruinen zu führen, ist ihre Arbeit vollendet, sie wird nichts mehr tun müssen, nur von der Seite schaudernd zuschauen, wie die Seele all das einsaugt, was Sainab schon das siebte Jahr in sich trägt, und wie sie von all dem eingesaugt wird. Hier bricht die Seele auf und wird feucht. Dann wird Sainab die Seele umarmen und weitergehen. Für diesen Kampf braucht es viele Seelen. Sainab darf nicht ruhen.

Am Morgen aufspringen, die Haare nach hinten binden, den langen Rock mit den Handflächen über den Schenkeln glätten, auf den Mann nicht hören, der sagt, das nütze alles nichts, sie solle ihre Kreise in der Familie drehen, er werde sie verlassen, solch eine Frau bringe ihrem Mann Unglück. Es ist aus mit dieser Stimme. Sainab hört andere Rufe, die Schreie der Zerfetzten im Pfeiffen der Geschosse. Das ist ihre Moral und ihre Familie. Sainab fliegt wie ein Granatsplitter, wie Hunderttausende von Granatsplittern, bohrt sie sich in neue Körper hinein, wandert unter der Haut. Die erste Rakete, die neben ihrem Haus in Grosny einschlug, als Sainab in der Küche stand, hat sie nach ihrem Bild geformt. Der Einschlag, die Wucht und die verstreuten Fragmente der Welt, das ist Sainab. Der Krieg ist ihre Unruhe, und sie ist seine Tochter. Manchmal denkt sie: Der Krieg ist mir alles geworden. Weder meine Schwester noch meine Mutter verstehen mich, aber jene fremden Seelen, die ich zu treffen vermag, die verstehen mich. Ich muß sie tiefer treffen, sie mit der Harpune aus unserem Leid an Kriegsland heraufziehen, aber behutsam vorgehen, die Unwissenden mit Wissen verletzen, doch ihren Schrecken erst allmählich auslösen.

Sainab weiß, daß sie die Krankheit des Krieges verbreiten muß, wenn sie ihr Volk heilen will, andere mit ihrer eigenen Rastlosigkeit anstecken, die fremden Kleider in den vertrauten Schießpulvergeruch eintauchen. Es ist ein vor der Welt versteckter Krieg, und Sainab muß ihn bekannt machen, wenn sie ihm ein Ende setzen will. Dann kann sie sich das erlauben, was so viele tun: junge Frauen, die in den Flüchtlingslagern ankommen und umfallen, um nie mehr aufzustehen. Sainab sehnt sich, es ihnen gleich zu tun, aber sie schaut bloß hin und geht weiter; nein, erst nach dem Krieg, dann wird sie den Kopf auf ihr Archiv legen und einschlafen. Solange das Dröhnen nicht über die zerschundenen Dörfer hinauskommt, muß Sainab sein Echo werden, es Verbrechen um Verbrechen, Wunde um Wunde, Foto um Foto mit ihren kleinen Händen, mit ihren wissenden Augen, mit ihrer im Krieg geschliffenen Sprache hinaustragen, um dem Lärm das zu geben, was er verdient – ein starkes Echo zu werden, das von den westlichen Parlamenten nach Moskau und nach Grosny zurückkommt und von dort in jedes Dorf, in jedes Haus auf jenem kleinen Stück Erde, in Tschetschenien. Wir nennen dich Itschkeria, mein Land, du bist ein winziges Marienkäferchen. Wirst du noch einmal fliegen?

Sainab weiß, wie unstandhaft die Mauern der Parlamente sind, sie sind aus Schleiern, in denen die Bombenexplosionen lautlos versinken. Schleier kennen keinen Widerstand, wie sie ihn kennt. Sainab, die Zierliche, die Gewöhnliche, die Hinausgeschleuderte, die Feste, hat vor, das mächtige Echo zu werden, damit die Welt zu hören anfängt. Sie schreit nicht, empört sich nicht. Sie spricht gar leise. Wenn sie sich dazu entschließt, ein paar schamvolle Worte über den Hunger, die Folter zu sagen, schickt sie voraus: Verzeiht, daß ich euch traurig machen muß. Und sie lächelt. Das Lächeln läßt sie nie aus. Bei jeder Detonation fühlt sie die Schuld in sich fallen, jene Schuld, die ihr die Täter überlassen. Sie schämt sich der Plünderungen, die die betrunkene Soldateska begeht. Sie schämt sich der Armut, in die die Bäuerinnen gestürzt worden sind. Sainab lädt sich jene Scham auf, die andere abwerfen. Wenn sie in die Kirchen der christlichen Städte geführt wird, meint sie, die Tempelwände stürzten ein, weil sie, die vom Krieg Beschmutzte, hierherkommt. Erst wenn Sainab solange gerannt sein wird, bis der Krieg besiegt ist, bis ihre Söhne auch die letzte Mine entfernt haben, bis die Verstümmelten eine Prothese erhalten werden, bis die Kriegswaisen den Mördern ihrer Eltern verziehen haben, da die Mörder bestraft worden sind, erst dann wird Sainab wagen, die Schuld neben sich zu stellen, um sie anzuschauen, als wäre diese ihr fremd.

Wenn Sainab in ihrer Sprache *nochtschi*, Tschetschenin, sagt, findet sie die Achse, die sie ins Zentrum rückt. Wenn sie sich ihren eigenen Tod vorstellt, will sie *nochtschi* sagen und in Frieden gehen. Wenn sie in der Moskauer Metro in der Menge unterzugehen droht, denkt sie: »*so nochtschi ju*«, ich bin eine Tschetschenin, und schon umschließt sie eine lichte Kugel und macht sie unverletzbar. Wie gut, daß ich *nochtschi* bin, und wie unerträglich es ist, *nochtschi* zu sein. Liebt uns Gott oder haßt er uns? Manchmal denkt Sainab, daß sie mehr gesehen hat als Gott sich ausdenken kann. Sie will nicht, daß der Erhabene dorthin hinabgezerrt wird, wo sich Fäkalien mit Blut vermischen, weil Pflöcke in die Gefolterten gestoßen werden, dort könnte er den Glauben an sich selbst verlieren.

Gott muß nicht wissen, wie Menschenteile auseinanderfliegen, aber einen Teil der zerrissenen Wahrheit soll er kennenlernen, davor will ihn Sainab nicht bewahren. Diese Kraft soll er schon aufbringen, wenn die kleingewachsene Sainab all das erträgt. Manchmal zeigt sie Gott ihre Kriegsalben. Die geschändeten Leichen in den Massengräbern stanken so, daß sich Sainab übergeben mußte, als sie sie fotografierte. Und wenn sie die Fotos über die Konferenztische reicht, ist der Gestank wieder in ihr, und Sainab fürchtet die Fassung zu verlieren, aber sie weint nicht vor fremden Menschen, sie ist *nochtschi*, sie mußte schon immer für sich einstehen. Der Krieg ist Arbeit mit Gestank, und Sainab macht ihre Arbeit. Der säuerliche Gestank, der aus dem Leichnam ihres Volkes entweicht, begleitet sie schon durch zwei Kriege, und falls Gott ihrem Volk einen dritten Krieg erläßt, verspricht sie, glücklich zu werden, und mehr als das gibt es nicht zu versprechen. Sie will Gott mit ihrem Versprechen eine Freude machen und ihn in ihre Arbeit einbinden.

Je mehr Seelen Sainab einfängt, um so bereiter ist sie zu sterben. Werde ich Morgen ermordet, trete ich auf eine Mine, wird die Arbeit auch ohne mich fortgesetzt, freut sie sich. Sie kennt Mütter, die in nur wenigen Jahren ihre vier Söhne bestattet haben, es ist ungerecht, aber noch ungerechter findet Sainab den Tod eines fremden Journalisten, einer humanitären Helferin. Dann zweifelt sie an der Richtigkeit des Unabhängigkeitskampfes. Es ist unsere Wahl, wenn wir zugrunde gehen, denkt sie, aber andere, die uns lieben, die sollen am Leben bleiben. Am liebsten würde sie einen Lustgarten für die neugewonnenen Seelen einrichten, diese mit Medaillen behängen, sie üppig bewirten und unterhalten. Sie führt sie in Flüchtlingszelte, wo ihnen die Kriegswaisen Tänze vorführen, barfuß und kraftvoll. Die Blutarmen, die Verstörten lachen breit während der Vorstellung. Diese Freude ihres

Volkes verschenkt sie als tschetschenisches Souvenir. Es ist Sainabs Überlebenssinn, ihr Volk ungebrochen zu zeigen. Sind die Gäste zufrieden, weiß sie, daß die Tschetschenen Menschen sind, *nochtschi*, daß sie noch leben.

Sainab erkennt es am Blick, wenn jemand dabei ist, in den Sog ihrer Arbeit zu geraten. Es ist ein verklärter Blick, den die an ihr eigenes Volk nicht gebundenen Einzelgänger haben, die ihr dann nach Tschetschenien folgen. Im ersten Krieg ging sie fahrlässig mit solchen empathischen Menschen um. Schossen die russischen Scharfschützen, wandte Sainab ihnen das Gesicht zu und lächelte wie beiläufig. Es wird schon nichts geschehen, die Soldaten langweilen sich bloß, beteuerte sie. Auch führte sie die Vertrauensseligen in die Trümmer, in denen nicht explodierte Granaten lagen. Sie ging vor, sie wußte, was sie riskierte, die Fremden folgten ihr benommen in ihre zersprengte Welt. Im neuen Krieg würde sie nicht mehr eine verminte Straße nehmen, sondern sagt bloß: Dies ist ein Umweg, kehren wir um. Sie nimmt die Schmach der Feigheit auf sich, und ihre Landsleute erkennen es und schweigen dankbar. Sie sind allzu müde geworden vom tschetschenischen Ehrenkodex der Unerschrockenheit. Sterben können sie schließlich auch später.

Sainab rennt in den Tag hinein mit geradem Rücken, mit erhobenem Kopf wie jede beliebige Tschetschenin, aber ihre Runden sind größer als die der Frauen, die mit der Teekanne lächelnd und schweigend den Tisch umkreisen, an dem Gäste sitzen. Auch Sainab bedient Gäste, sogar dort, wo sie zu Gast ist, sie bietet überall ihre Worte, ihre Fotos an, sie bedient die Welt mit dem Krieg. Sainab braucht nicht die Welt, die sie vorfindet, sie braucht eine Welt, die sich erschüttern läßt. In die westliche Welt bringt sie Beweise der Zerstörung, in die östliche bringt sie Mehl, Öl, Salz und etwas Zucker. Sie begegnet ihrem Volk als dem sich verbeugenden Empfänger der humanitären Hilfe. Eine Dankbarkeit, die sie mehr schmerzt als der Tod aber Tausender junger Kämpfer, und Sainab fragt sich, ob der Stolz ihres Volkes überleben wird. Trifft sie Würde an, wünscht sie sich, davon an den runden Tischen im Westen zu erzählen, aber man fragt sie nach Namen, Zahlen, nach der Art der Verbrechen und nicht nach dem sich dagegen Aufbäumen. Nach der Konferenz hat sie das Gefühl, gelogen zu haben. Ein wenig Mehl für viel Elend, das gibt man ihr schon. Sainab hofft auf Verbindlichkeit für viel Selbstachtung.

Damals, als die ersten russischen Panzer im Dezember 1994 kamen, war Sainab in frischem Aufruhr gegen den Tod. Sie ging zu den Widerstandskämpfern, aber sie zeigten auf ihre Videokamera: Kämpfe damit. Sie verließ sie, um zu den Massakern zu eilen, in die eben zerbombten Siedlungen, zu den Zeugen der »Säuberungen«. Seitdem passiert sie unzählige russische Kontrollposten, die Tschetschenien zerschneiden, sie schaut in die Augen der Söldner, streckt jedem zehn Rubel hin, und die Kamera trägt sie unter ihrem Rock. Der Tod ist so allgegenwärtig, daß Sainab nun das Zarte schätzt, was so leicht ausgelöscht werden kann.

Den Weg in die Welt zeigten ihr die vielen Kriegsjournalisten. Sie ist berührt von Menschen, die aus freiem Willen kommen, um das Schicksal ihres Volkes zu teilen. Sainab umarmt sie zum Abschied und verspricht, ihnen in ihrem Krieg beizustehen, falls dieser, man weiß ja nie, ausbrechen sollte. Sie meint es ernst. Sie hält sich für unzerstörbar. Bloß auf Reisen, irgendwo nachts in einem Hotelzimmer, befallen sie Ängste, einer ihrer Söhne könnte verhaftet werden, Knüppel zertrümmern ihm die Nieren, bewußtlos liegt er da, die Wärter begießen ihn mit Wasser, um dem Erwachten Stromschläge zu versetzen. Was tue ich? Wo bin ich? Warum bin ich nicht bei meiner Familie? Noch ist Sainab verschont geblieben von dem, was fast jeder tschetschenischen Familie geschieht. Und sie sagt sich: Ich bin die glücklichste tschetschenische Mutter. Es gibt aber bessere Mütter als mich.

Warum müssen diese um die Filtrationslager herumrennen und die Namen ihrer Söhne rufen? Mütter, die überall um Geld betteln, um ihre gestohlenen Söhne als verstümmelte Leichname den Folterern abzukaufen.

Als Sainab zur Konferenz nach Rom kommt, zeigt man ihr stolz das Kolosseum, erzählt von Gladiatorenkämpfen. Sie nickt höflich, meidet aber diese uralte Ruine, die sich in ihrem Kopf mit Schreien der hier einst Ermordeten füllt. Sie denkt an tschetschenische Männer, auf die zur Unterhaltung der Soldaten Schäferhunde gehetzt werden. Sie kann nicht schlafen, sie stürzt dösend in ausgehobene Gräben entlang den Römer Alleen, es scheint ihr, neben den freigelegten archäologischen Funden schimmerten weiße Menschenknochen. Eine merkwürdige Stadt, die ihre zerfallenen Bauwerke zur Schau stellt. Sainab würde sie am liebsten abreißen, mit dem Bagger darüber fahren und auf der geschichtslosen Ebene ein großes, helles Haus errichten. Sie schämt sich solch abartiger Gedanken inmitten von Touristengruppen und wähnt sich einsamer als im Keller von Grosny während der heftigsten Bombardierungen. Wenn sie jedoch in einer fremden Stadt kein Zeichen der Zerstörung entdeckt, sehnt sie sich nach Mauern mit Einschußlöchern und bedauert es: Das Normale ist außergewöhnlich für mich geworden. In einer polierten Welt kommen ihr Zweifel, ob sie den hiesigen Menschen den Krieg mit seinen Löchern verständlich machen kann.

Als ihr nach der Konferenz die Organisatorin in einem Café den besten römischen Cappuccino vorsetzt, ertappt sich Sainab dabei, daß sie es genießt, und erschrickt darüber: Ich trinke hier Kaffee, während mein Volk stirbt. Aber sie trinkt ihn zu Ende, obwohl sie lieber etwas Bitteres herunterschlucken würde, etwas den Umständen Entsprechendes. Sie bedankt sich bei der Gastgeberin, lobt die Italiener, die zu leben verstehen. Doch ihre kurze Rede ekelt sie an, als hätte sie Volksverrat begangen. Versteht etwa mein Volk nicht zu leben, versteht es nur zu sterben?

In ihrem Brüsseler Hotelzimmer steht auf der Kommode eine aufgerichtete schlanke Plastikhand, die auf den Schmuck einer Frau wartet. Sainab sieht wieder und wieder den Markt von Grosny am 21. Oktober 1999, als dort die taktischen Raketen *zemlja, zemlja*, Boden-Boden, einschlugen, jede mit einem 480 Kilogramm schweren Sprengkopf, der sich über den Marktfrauen öffnete und sie mit einem Metallregen niederdrückte. Sainab rannte damals mit ihrer Videokamera über blutige Hände, Beine, Haarbüschel, die ihr Zentrum verloren hatten. Nun steht vor ihr auch so eine Hand, diesmal als Zierde. Sainab fühlt sich schuldig, weil ihre Wahrnehmung des menschlichen Körpers so direkt geworden ist. Auch meint sie, dieser Gegenstand habe eher das Recht, hier zu sein, als sie. Sie fühlt sich unfähig, ihn hinauszutragen, und zwingt sich dazu, seine Gegenwart auszuhalten, als sein Gast. Sie schaut sich ihre eigene Hand an, ob sie nicht abgerissen sei. Sie weint und tröstet sich: In Tschetschenien weine ich nicht, weil es sich nicht gehört, in Rußland weine ich nicht, weil der Stolz es nicht gestattet, also warum nicht hier, wo mich niemand sieht? Das alles geschieht ihr, wenn sie weg von ihrem Volk ist. An seiner Seite, in ständiger Gefahr, ist sie am zuversichtlichsten, der Dauerstreß macht sie wach und beweglich.

Sainab mutet sich zu, in Südrußland den russischen Generälen gegenüberzusitzen, ihre Feindseligkeit auszuhalten, besonnen dort anzuknüpfen, wo sich ihre Positionen kreuzen mögen. Bloß lächeln mag sie nicht, sie spart mit Kräften. Sie bittet Allah, sie mit seinen Händen stets hoch über dem Haß zu halten. In Berlin tagt sie mit russischen Intellektuellen, und keiner fragt sie, wo sie lebt und wovon und wie ihr zumute ist, russisch zu sprechen. Die geistige Elite Rußlands hält Sainab mit Schweigen von sich fern. Der Verlust des Hauses durch die Bomben ist unerheblich angesichts dessen, daß Sainab die Achtung vor der Mehrheit der russischen Intelligenzia verloren hat und vor einer Kultur, der sie sich so nahe fühlte, daß sie meinte, ein Teil von ihr zu sein.

Wenn Sainab in ihr gefiltertes Tschetschenien, ihr zerschnittenes Tschetschenien zurückkehrt, umringen sie die Menschen: Was sagt Europa? Wann kommt die Hilfe? Wann zwingt Europa die Russen dazu, mit uns zu verhandeln? Genug hat Sainab von den Beschwichtigungen, die sie sich stets ausgedacht hat. Nun spricht sie unverständlich, sagt, Europa gebe es nicht, nur einzelne Europäer, auf die man bauen müsse, aber in den Parlamenten säßen sie nicht. Wir müssen uns selbst helfen, verkündet sie, wir müssen stärker werden. Europa lebt für sich. Wir müssen das russische Volk überzeugen, daß wir keine Terroristen sind. Wir müssen unsere eigenen Kriminellen stellen. Wir müssen wissen, was wir wollen. Wir müssen uns einigen. Sainab steigert sich in diese gigantische Aufgabe hinein und verschweigt ihr Entsetzen über die Gleichgültigkeit Europas, verschweigt es vor sich selbst. Doch die Mütter mit ihren entkräfteten Kindern lassen sich nicht täuschen: Rede nicht so viel, du warst doch in Europa, gib Brot, gib Medikamente. Sainab schüttelt den Kopf über ihre verträumten Landsleute. Sie ist in einen einsamen Raum zwischen dem Kaukasus und Westeuropa geraten. Es scheint ihr, sie überblicke von hier aus alles, aber werde nicht gesehen. Sie meint, es tragen zu können, zu müssen. Es ist zu spät für eine andere Rolle.

Wenn Sainab nicht alte Menschen aus brennenden Trümmern herauszieht, verwirrte Kinder in einen minenfreien Wald mitnimmt und Freude an ihrer Freude hat, wenn sie im Westen nicht vom Lächeln des in die Wirbelsäule getroffenen Knaben erzählt, als sie diesem einen Rollstuhl nach Grosny bringt, dann weiß Sainab nicht, mit welchem Recht sie auf der Welt sein sollte. Hat der Krieg solch eine Kraft, daß er Sainab auslöscht, damit sie sein Medium werde? Fühlt sie sich gar auserwählt von ihm, daß sie die Liebe für ihre eigene Seele vergißt, für jene Sainab, die nichts tun muß und trotzdem wertvoll ist wie eine Pflanze, ein Fels? Oder ist dies der Sinn ihrer Existenz, den sie sich selbst gibt, der einer *nochtschi*?

Manchmal öffnet sich ein großes Tor in Sainabs Brust, und sie atmet ruhig ein. Ich lebe, ich lebe, immer noch, denkt sie in Ehrfurcht. Sie sieht in ihrem Kopf weiterhin Raketen niedergehen, aber der Ton ist weg. Es ist still in ihr. Das ist Allah, der zu mir spricht, sagt sie. Du liebst mich also, ich werde dich schon nicht enttäuschen, ich werde noch mehr arbeiten. Wir werden ein wunderschönes Tschetschenien haben, ein freies Itschkeria, du wirst sehen. Am liebsten würde sie Gott sagen, er solle dann zu ihnen kommen, aber sie besinnt sich, daß er wohl schon dort sei – und seufzt.

ÜBER DEN KÖRPER HINAUS

Offener Brief an die tschetschenische Menschenrechtlerin Sainab Gaschajewa

2001

Liebe Sainab, im Sommer 2001 hast du mich, bemüht ruhig, um mich nicht zu erschrecken, aus Inguschetien angerufen. Der Vorfall, den du leise geschildert hast, hat vieles in mir bewegt, Trauer, Wut, Entsetzen und Nachdenken. Ich will dir von meinem unaufhörlichen Nachdenken erzählen, das mich seitdem beschäftigt, denn meine Liebe für dein Volk und die Sorge um sein Überleben kennst du schon seit sechs Jahren, seit wir uns kennen. Du hast in den letzten zwei Kriegen viel Tod und tiefe Wunden gesehen, das Leid gefilmt und davon auf Tagungen im Westen so oft berichtet, daß all das Unfaßbare für dich fast gewöhnlich geworden ist.

Doch dieses Verbrechen ist ungeheuerlicher als der »übliche« Kriegstod. Das teilte mir deine gedämpfte Stimme mit, die müden Pausen dazwischen und deine Ratlosigkeit: Wir wissen nicht mehr, was tun, kommt zu uns. Kaum habe ich dich je so gehört, weder nach den wiederholten Bombardierungen der Dörfer, noch nach der Ausradierung deiner Stadt Grosny, noch nach dem gezielten Raketenbeschuß von Fliehenden und all den Verbrechen, die dein Leben begleiten und denen stoisch zu begegnen du gelernt hast, um nicht dem Wahnsinn zu verfallen. In der deutschen Ausgabe von »Le Monde diplomatique« las ich den Essay »Das organisierte Böse« des polnischen Journalisten Ryszard Kapuscinski, in dem er den Völkermord mit dem Krieg und seinen destruktiven Auswüchsen zusammenbringt. Der Täter führt das verfolgte Volk, in das er das Böse projiziert, in einen auswegslosen Zustand, in welchem den ausgezehrten Menschen der Tod als Erlösung erscheint. Leider läßt der gute Kriegskenner Kapuscinski in seiner Analyse Tschetschenien aus.

Du sagtest, der Vorfall ereignete sich während einer »Säuberung« am 2. Juli 2001 im Dorf Sernowodsk, in jenem Dorf in der westtschetschenischen Ebene nahe an Inguschetien, in dem ich im März 1996 nach einer Woche Bombardierung, verkleidet als Tschetschenin, zusammen mit euch die verwüsteten Häuser besuchte, die Toten beweinte. Damals schrieb ich in meiner Reportage, Sernowodsk sei jetzt auch mein Dorf. Doch Sernowodsk ist nur ein Name, stellvertretend für ganz Tschetschenien, das die russische Armee als einen Ort außerhalb der Menschheit behandelt.

Du hast erzählt, vermummte Soldaten, aber auch solche, die ungeniert ihr Gesicht zeigen, da sie so selbstsicher geworden sind, daß sie keine Bestrafung befürchten, hätten Bewohner von Sernowodsk auf ein Feld getrieben und vor ihren Augen, in einem offenen Gebäude die Frauen von Sernowodsk vergewaltigt. Dabei riefen sie den Männern zu: Seid doch ehrenvolle Kaukasier, nehmt eure Frauen in Schutz! Achtundsechzig Männer versuchten diese in eurer Kultur schlimmste Form der Erniedrigung zu verhindern, woraufhin sie mit Handschellen an Panzerwagen angekettet und ebenfalls vergewaltigt worden sind. Einige von diesen Männern haben sich danach zu Kamikazen erklärt, zu Trägern einer Bombe, deren Explosion sie teilen wollen. Nachdem ihre Seele explodiert war, soll der Körper folgen. Zwei von ihnen haben einen Selbstmordversuch gemacht, einer sei gestorben, und der andere wurde verletzt gerettet. Die Vergewaltigten wollen nicht mehr leben, wie denn auch, auf ewig mit der größten Schande stigmatisiert, beklagtest du.

An diesem schwarzen Sommertag wurde zum ersten Mal in Tschetschenien öffentlich und massenhaft auf diese Art die Integrität des Körpers verletzt. Bis jetzt fanden zwar regelmäßig Vergewaltigungen von Frauen und Männern und

Kindern statt, aber im Versteckten, in den ausgehobenen Erdgruben und den Filtrationslagern. Diese Öffentlichmachung der sexuellen Gewalt ist eine weitere Überschreitung von unzähligen Überschreitungen, die eine Staatsgewalt an der Zivilbevölkerung im Nordkaukasus verübt. Während dieser unvorstellbaren Szene (ich denke sie mir in der Dunkelheit, um meine Sinne zu dämpfen) geschah eine andere Art Vergewaltigung – die schon oft ausgeraubten Häuser wurden aufs Neue geplündert, eine Alltäglichkeit inzwischen im Nordkaukasus. Ich habe die geschändeten Häuser in mehreren Dörfern gesehen: der Boden bedeckt mit hinausgeworfenen, mit menschlichem Kot verschmierten Kleidern und Familienfotos, überall Splitter von zerschossenen Lampen, vor geleerten Kühlschränken ausgespuckte Gurken, und die zurückgekehrten Hausherrinnen bewegten sich darin, als gehörte ihnen ihr Besitz nicht mehr. Diese Art Entfremdung machte mir klar, wie existenziell der Schutz der eigenen Behausung, dieses erweiterten Körpers, für den Menschen ist und welches Gefühl des kosmischen Unbehaustseins, des Verlassenseins die gewaltsame Verschiebung und Entwendung des Privaten auslöst.

Du hast es oft gesagt, daß du nicht nur um dein eigenes Volk, sondern auch um die Zukunft Rußlands besorgt bist, um die Auswirkungen, die von den jungen Männern kommen werden, die von ihren Vorgesetzten eine Lektion der triumphierenden Gewalt bekommen, die sie später in ihr Dorf, ihre Stadt weitertragen. Immer wieder hast du von Soldaten erzählt, die gegen Unmenschlichkeit aufbegehrten und dafür verprügelt, inhaftiert oder erschossen wurden. So auch auf dem Feld von Sernowodsk. Ein junger russischer Soldat, der jener Szene beiwohnte, meinte ungläubig: Aber es sind doch Menschen. Was tut ihr mit ihnen? Für diesen verbotenen Hinweis auf das Menschliche des auszurottenden Volkes wurde ihm ebenfalls mit einer Vergewaltigung gedroht, das heißt mit Entmenschlichung, um sein Erinnern an das Menschsein der Opfer auszulöschen und ein mögliches Schuldgefühl bei den Tätern zu bannen.

Ich befaßte mich früher viel mit der GULAG-Kultur, schrieb über das ungeschriebene männliche GULAG-Gesetz, das auch *worowskoj sakon*, Diebesgesetz, heißt (die Bezeichnung wor, Dieb, ist in der Unterwelt eine Auszeichnung) und das die Gefangenen in vier Kasten einteilt. Zur niedrigsten Kaste der sogenannten Unberührbaren gehören Häftlinge, die zum Zweck der Entmenschlichung vergewaltigt werden und danach *opuschtschennyj*, der Fallengelassene, oder *petuch*, Hahn, heißen. Die Vergewaltigung löscht das Menschsein aus. Wer diese tierähnlichen Wesen, die neben dem Zellenkübel mit Exkrementen schlafen müssen, berührt, beschmutzt sich und kann einer von ihnen werden. In russischen Gefängnissen und Straflagern herrscht immer Angst vor dieser Degradierung, und sie ist es, die das Befolgen des kriminellen Kodexes garantiert. Die durch den Umstand der jahrelangen Haft Erniedrigten erschaffen sich jemanden, der tiefer steht als sie, indem sie sein Menschsein zerstören. Die Verwaltung des russischen Strafsystems bedient sich der kriminellen Bräuche, um sie als Mittel zum Brechen der Persönlichkeit von unbequemen Häftlingen einzusetzen – mit Vorteilen kauft sie sich Gefangene, damit diese den Unfügsamen vergewaltigen. Die Vergewaltigung gilt nämlich in erster Linie nicht als sexueller Akt, sondern als die schrecklichste Demütigung und wird als solche von oben sanktioniert.

Die vielen Söldner in Tschetschenien sind Schwerkriminelle, die aus dem Gefängnis kommen und dem GULAG-Gesetz auch außerhalb der Mauern treu bleiben. Die russische Armee hat die wichtigsten Regeln des kriminellen Verhaltenskodexes übernommen, den Jargon inbegriffen, den auch der russische Präsident Wladimir Putin benutzt (zum Beispiel sein bekannter Ausdruck, er werde die Tschetschenen in den Pissoirs ertränken). Damit läßt das Staatsoberhaupt und der Oberkommandierende der Streitkräfte nicht nur seine Gesinnung erkennen, sondern gibt den Perversionen einen Freipaß: Handelt nach dem Diebesgesetz, ihr werdet dafür nicht bestraft. Und es geschieht. Das tschetschenische Volk als Ganzes wird offiziell zum Raubobjekt in einem Straflager erklärt. Es hat keine Seele, es ist ein zu erniedrigender Körper, der beliebig zerstückelt werden darf, ja soll, um die Größe Rußlands zu zeigen, gemäß der Hierarchie der Mörder und der Diebe.

Für die unzähligen schweren Verbrechen sowohl im ersten wie auch im zweiten Krieg, begangen von den Angehörigen der Armee, des Geheimdienstes FSB, der Polizei oder der Spezialeinheiten, ist noch keiner für Mord und Vergewaltigung verurteilt worden. Der erste Prozeß überhaupt gegen einen höheren russischen Armeeangehörigen dauerte zwei Jahre lang und endete mit einer Farce. Angeklagt war der Offizier Juri Budanow, der im Mai 2000 die 18jährige Tschetschenin Elsa Kungajewa aus ihrem Haus im Dorf Tengi-Tschu geholt, sie vergewaltigt und eigenhändig erdrosselt hatte. Die Gerichtsgutachter erklärten am 17. Mai 2002, daß Budanow zur Tatzeit am Kriegsstress gelitten hatte. Er wurde wegen Unzurechnungsfähigkeit für zwei Jahre in eine psychiatrische Klinik eingewiesen. Die Verurteilung eines Offiziers könnte nämlich den lukrativen Handel mit Verhafteten und Ermordeten gefährden, den die »Ordnungshüter« aufgezogen haben. Doch diese Quasiamnestie ermutigt das Treiben in der straflosen Zone. Jeder, ob Frau, Mann, Kind, kann verhaftet werden, denn jeder Tschetschene, jede Tschetschenin gilt als potenzieller Terrorist. Das ist der verordnete, ideelle Kampf gegen Terrorismus, und daneben läuft das eigene pragmatische Geschäft mit festen Preisen. Wieviel kostet ein Sohn mit ausgerissenen Nägeln, wieviel eine geschändete Mutter, wieviel der Leichnam der Tochter? Für einen Lebenden werden drei- bis fünftausend US-Dollar verlangt, für einen Toten »bloß« ein- bis zweitausend US-Dollar.

Auch für den Hinweis an die Familie, wo man die Leiche ihres Kindes verscharrt hat, wurden schon 300 US-Dollar kassiert. Warum sollten die Generäle, die Offiziere, die gutgenährten Söldner auf diese Einnahmequelle verzichten und ins Elend nach Rußland zurückkehren? Solange ein Volk als verfügbarer Körper gilt und die Jagd darauf mit dem stillschweigenden Einverständnis der Weltgemeinschaft eröffnet ist, blüht das Geschäft.

Wenn ein Mensch, dessen körperliche Hülle gewaltsam durchbrochen worden ist, sich freiwillig entschließt, Kamikaze zu werden, das heißt frei über seinen Körper zu verfügen, ihn selbst zu zerstören, wird er wieder ein Mensch, verwandelt sich vom hilflosen Objekt zum selbstregulierenden Subjekt. Insofern ist die Reaktion der Männer aus Sernowodsk einleuchtend. Das Tieftraurige und nichts Gutes Verheißende ist aber die Kette der Fremd- und Selbstzerstörung, die dadurch fortgesetzt wird.

Und jeder sich selbst erlösende Kamikaze liefert dem Besatzer das Argument, weiter zu verhaften, zu foltern, Zehntausende von Soldaten in Tschetschenien zu belassen, Recht im Unrecht zu behalten. Das ist die Falle, die euch gestellt wurde, in Kenntnis eurer uralten Tradition, die das Postulat des Sichwehrens in den Vordergrund stellt. Ihr sollt die Nerven verlieren, sollt der Welt vorführen, daß ihr wahnsinnig, todessüchtig geworden seid, daß das demokratische Rußland gut daran tue, die wilde Bestie kaltzustellen.

Weiter erzähltest du vom Hungerstreik tschetschenischer Flüchtlinge, auch Kinder waren dabei, die vor den Zeltlagern in Inguschetien zu dieser äußersten Körpersprache gegriffen hatten, um von Wladimir Putin zu fordern, die von eurem Präsidenten Aslan Maschadow angebotenen Friedensverhandlungen anzunehmen. Du zeigtest dich in großer Sorge um diese Menschen, die sich durch die anhaltende Nahrungsverweigerung unwiderruflich gesundheitliche Schäden zugefügt hatten. Aber welche andere Sprache bleibt euch noch?

Der russische Schriftsteller Andrej Sinjawski, der in den 60er Jahren wegen seiner Literatur fünf Jahre lang im GULAG war, beschreibt in seinem Essay »Ich und die Anderen« die Selbstverstümmelungen, die er vor allem bei Langzeitgefangenen sah, er nennt sie Grenzmittel der Kommunikation unter Bedingungen der größten Isolation. Der feine Wortstilist analysiert diesen, wie er es nennt, finalen Appell des Menschen an die Menschheit, gar an den Himmel selbst.

Der in Tschetschenien fremdbestimmte Mensch wird im Akt des Hungerstreiks wie auch im Entschluß, Kamikaze zu werden, auf eine verzweifelte Art wieder Herr seiner selbst. Der schutzlose Mensch, dem sein Körper in jedem Augenblick durch Verhaftung und Folter weggenommen werden kann, sagt damit: Mein Körper gehört mir, ich kann mit ihm machen, was ich will. Und nicht nur das. Indem der Mensch schweigt und nicht ißt, spricht er expressiv: Ihr habt mich aus der Welt gebannt, aber ich sage euch: Eure Weltordnung ist ungerecht, und ich nehme sie nicht an.

Sainab, ich bin wie du im glorreichen Kommunismus und fortschrittlichen Atheismus groß geworden, habe die Bibel nicht gelesen wie du nicht den Koran, und als Kind befremdete mich die ausgemergelte Gestalt eines an Händen und Füßen aufgehängten Opfers an einem Kreuz. Ich verstand die christliche Kultur nicht, wieso sie einen Mann verehrt, der so elendiglich zugrunde ging und dabei nicht schrie, nicht die Faust ballte. Der Anblick seines Scheiterns war mir peinlich. Viel schöner nahmen sich daneben die Bronzestatuen der aufrechten und muskulösen Proletarier aus. Ich habe erst später erfahren, daß jener schmächtige Mann die Stärke des Geistes hatte und nach der schmachvollen Hinrichtung auferstanden ist.

Auch deine islamische Religion, die du erst unter dem Dröhnen der Raketen schätzengelernt hast, die dir, als die Welt sich von der Abschlachtung deines stolzen Volkes abwandte, Trost spendete, kennt das Motiv der Verwandlung, den Tod als Metapher für den Anfang des Lebens. Er muß nicht physisch vollzogen werden, es gibt viele Tode in einem Leben.

Liebe Sainab, dein kleines Volk ist stark dezimiert worden, erschöpft, traumatisiert, es ist ungewiß, ob es die nächsten fünf, zehn Jahre überleben wird. In dieser schrecklichen Ahnung lebst du täglich. Ich lebe hier inmitten der Gleichgültigkeit der westlichen Welt eurem aufgezwungenen Schicksal gegenüber. Herr Putin wird von Metropole zu Metropole servil empfangen, von sogenannten Demokraten, die sich durch ihre Feigheit längst selbst entwertet und jeglichen Respekt eingebüßt haben. Man lobt gar Putins Intelligenz und brüstet sich mit der Entdeckung einer Russophilie, die nicht jenen mutigen Russen und Russinnen gilt, die die äußere und innere Zerstörung aufzuhalten versuchen. Das Gebaren der Welt gegenüber den russischen Machthabern ist kriminell, kurzsichtig, unerträglich, ich ertrage es nur, weil ich darüber schreibe und weil es Menschen gibt, die euren Schrei mit ihrem Herzen und Verstand hören und die aus dieser Erschütterung zu Taten übergehen. In Prag haben im Sommer 2001 tschechische Intellektuelle einen Stafettenhungerstreik gegen den Völkermord an euch durchgeführt. Auch anderswo tritt ab und zu eine kleine Schar an die Öffentlichkeit, die tatkräftig an euch denkt.

Bitte, Sainab, überbringe jenen Frauen und Männern, die auf dem Feld die Hölle auf Erden durchlitten haben, und allen, die solch eines symbolischen Todes gestorben sind, daß sie auferstanden und Märtyrer geworden sind, sie müssen weder den Feind noch sich selbst sprengen, um sich zu reinigen. Sie sind rein, ich achte sie zutiefst und wünsche, Sernowodsk und ganz Tschetschenien samt der Welt verbeugt sich vor ihrem Leid. Es ist an uns zu erkennen, wen wir achten, und es ist an uns, die Zuweisung »Terrorist« oder »Hahn« abzulehnen, die uns all die kranken und gefährlichen Putins und ihre Komplizen geben wollen. Wir dürfen die Zerstörung, die uns diese Verstörten aufzuzwingen trachten, nicht übernehmen, sondern können aus der Abartigkeit des Diebesgesetzes, das Menschen fallen läßt, ausbrechen, daran glauben, daß es möglich ist und es möglich machen.

Der russische Dichter Wladimir Majakowski schrieb zum vermeintlichen Selbstmord seines Kollegen Sergej Jessenin: »Zu sterben in diesem Leben ist nicht schwer, doch das Leben zu machen, ist bedeutend schwerer.« Sainab, ich habe euch sterben sehen, davon versteht ihr viel, weit über hunderttausendfach habt ihr es bewiesen. Ich habe eure Gelassenheit dem Tod gegenüber bewundert. Ich sah sie als Widerstand. Doch weiterzuleben ist auch Widerstand, eine Haltung einzunehmen, die euch nicht schadet. Euer hohes spirituelles Niveau, die Mischung aus dem mystischen Islam, dem Sufismus, und euren Sitten und Gebräuchen, dieser euer Geist hat uns, die euch kennen, bereichert, aber er verarmt, wenn er sich nur noch aufs Sterben konzentriert.

Der kriminelle Teil Rußlands stellt euch die Falle der Selbstzerstörung. Tappt nicht mehr hinein, verlaßt die Enge der Gewalt, bleibt nicht im Körperlichen stecken, in der Fixierung auf das Töten des eigenen und fremden Körpers. Euer Körper ist nicht schuldig, weil er verletzt worden ist, bestraft ihn nicht. Schämt euch nicht der Tat, die die unglückseligen Folterer an euch begangen haben. Es ist nicht eure Tat. Liebt den geschundenen Körper des Menschen und laßt ihn leben, noch beseelter denn je. Sucht einen anderen Ausweg, hier, im Leben. Die Welt soll nicht ärmer werden, wir dürfen nicht zulassen, daß euer viele Genozide überdauerndes kaukasisches Bergvolk ausgerottet wird und eure einzigartige guttural sprudelnde Sprache in der starren Gebärde der Selbstverstümmelung endet. Helft uns dabei.

Ich umarme dich, deine Irena.

SCHREIE IM TEMPEL ZUR BABEL

Auftritt der tschetschenischen Menschenrechtlerin Sainab Gaschajewa vor der UNO-Menschenrechtssession in Genf im Frühjahr

2002

Der Schrei eines Pfaus draußen auf dem gestutzten Rasen ist voller Verlangen und wild, und drinnen erklingen die zu Worten verwandelten Schreie der erniedrigten, aussterbenden Völker, zusammengepreßt auf vorgeschriebene drei Minuten, vorgelesen mit bebenden Stimmen im runden Saal des Plenums. Auch Sainab ist dabei, mit einem blauen gefaltenen Kopftuch hat sie ihre Haare gezähmt, seit Tagen wartet sie geduldig auf ihren Auftritt.

Morgen kommst du dran, vielleicht schon vormittags oder nachmittags oder falls nicht, dann sicher übermorgen, verspricht man ihr. Endlich am neunten Tag ist es soweit. Sainab sitzt in der letzten Reihe hinter dem Schild »Orateur«. Nun ist sie Orateur: Monsieur le Président, in meinem Land mordet die Okkupationsarmee, sie verkauft uns die Leichname unserer geraubten Männer, vergewaltigt Söhne vor den Augen der Mütter, entblößt Töchter vor den Augen der Väter. Monsieur le Président, maskierte Soldaten führen »Säuberungen« durch, dringen in jedes Haus ein, tasten unsere Würde an. Monsieur le Président, ich verlange, daß Spezialisten auf dem Gebiet der Folter und außergerichtlicher Hinrichtungen zu uns kommen. Monsieur le Président, ich verlange die Bestrafung der Täter, ich verlange das Ende unserer Leiden, ich verlange Friedensverhandlungen. Diese Sätze spricht Sainab nicht so, sie denkt sie so, fühlt sie so, aber ihre Rede muß in der geregelten Sprache der UNO vorgetragen werden. Sie kennt diese Sprache nicht, doch Verbündete kennen sie und haben ihr geraten, so und nicht anders die Seele ihres Volkes schreien zu lassen.

Sainab will das Wort »Genozid« aussprechen, alles in ihr verlangt danach, schon seit sieben Jahren will sie dieses Wort vor der versammelten Welt sagen, vor dieser Welt, die sich hier mit Kopfhörern in runden Reihen einfindet, geschäftig, gelangweilt dasitzt, ab und zu aufhorcht. Doch die kundigen Freunde beschwören Sainab, es nicht zu tun. Dieser Begriff ist für dein Land noch nicht anerkannt, man wird dich unterbrechen, du wirst deine kostbaren drei Minuten nicht ausschöpfen können. Gut, sagt Sainab, ich weiß, daß es Genozid ist, was uns die fremde Macht antut, aber ich werde es nicht sagen. Ich bin vernünftig, zivilisiert wie ihr. Aber in zwanzig Jahren werdet ihr es selbst sagen. Dann, wenn es mein Volk nicht mehr geben wird. Mein Volk wird den Genozid nicht überleben, wenn man ihn zu Lebzeiten an den entscheidenden Orten nicht zu benennen wagt. Zuerst der Begriff, dann die Tat. Bilden wir nicht den Begriff, folgt keine Tat. Am Anfang war das Wort. Aber ich füge mich, ich bin nicht wild, wie ihr denkt, ich bin friedfertig, ich kann das schreckliche Wort, das durch mich wandert, mit einem Lächeln aus meinem Wortschatz streichen, aber ich kann es nicht aus meinem Körper bannen.

Ich werde es meinem Volk erklären, den Witwen von Grosny, den Kriegswaisen, den Minenopfern, den Hunderttausenden Flüchtlingen in Zelten und Zugwaggons, den Alten, die schon den dritten Genozid erleben, und den Männern, denen in den russischen Filtrationslagern ihr Geschlecht zertrümmert wurde, damit wir keine Nachkommen bekommen. Ich werde sagen: Dort, in Genf gehört es sich nicht, dieses brutale Wort zu verwenden, sonst verliert man das Recht auf drei Minuten im Jahr. Man kann ausgeschlossen werden, Schwierigkeiten bekommen, so hat man es mir erklärt, so werde ich es auch erklären. Sie werden mich für eine Verräterin halten. Was soll's? Sie wissen nicht, daß das Schlachtfeld der UNO Sprachregeln hat. In unseren zerbombten Dörfern darf man das Wort Genozid rufen, sooft man will, auch ins Gesicht der wütenden Soldateska, dort gibt es diese Freiheit des Wortes. Mit ihr auf den Lippen sterben wir.

Doch als man Sainab aus Vorsicht rät, schon am Anfang ihrer Rede zu erwähnen, daß Tschetschenien ein Teil Rußlands sei, sagt sie: Lieber falle ich tot um. Aber Sainab, eure Unabhängigkeit ist von niemandem anerkannt. Sie richtet sich auf: Von uns ist sie anerkannt. Wir sind schon unabhängig, weil wir dafür kämpfen.

Nach ihrer kurzen Rede fragt Sainab: Habe ich es recht gemacht? Hat man mich gehört? Habe ich nicht geschrien? War ich wirklich nicht zu laut? Ich war doch ruhig, nicht wahr? Und ihre Freunde umarmen sie: Gut warst du, großartig, stell dir vor, man hat dich nicht unterbrochen, welches Glück, volle drei Minuten. Schau, die anderen Völker warten noch, und schon kürzt man ihre Zeit, und wer weiß, ob sie überhaupt noch drankommen. Du hast es geschafft. Eine Verurteilung Rußlands wird es zwar nicht geben, und was hat schon die letztjährige Resolution zu Tschetschenien bewirkt, aber du bist aufgetreten. Du bist doch zufrieden? Wir machen weiter, demontieren die Maschinerie der Lüge, Schraube um Schraube. Nächstes Jahr, schwört Sainab, werde ich mich besser vorbereiten. Ob der Genozid dann immer noch andauert? Und wird man es wieder durch das Wort »Konflikt« ersetzen wollen? Oder wird man dann mutiger sein? Wird man wenigstens von einem »Kolonialkrieg« reden dürfen? Werde ich dann noch am Leben sein? Das weiß nur Allah. Und ich weiß, daß ich auf dem richtigen Weg bin.

Über den Rasen vor dem Plenarsaal eilen drei graue Pfauenweibchen mit gesenkten Köpfen, sie schreien nicht, bescheiden streben sie auf ihr Ziel zu.

WENN PANZER ZUM FLUSS WIRD

2002

Ich holte sie vom Flughafen ab. Ihr Gesicht war aschgrau wie die Ruinen, aus denen sie kam. Diese Frau ist meine Freundin, aber sie ist eine Kriegsfrau, und ich fürchtete mich stets vor ihr, genauso wie ich sie liebte. Ich fürchtete mich vor meiner Auflösung in ihrem Krieg, vor meinem bedingungslosen Dienen ihrem erniedrigten Volk, und ich sehnte dies herbei, als sei dies mein Auserwähltsein, mein Lebenssinn. Meine Freundin ist der stärkste Mensch, dem ich begegnet war, ich hatte sie in ihrem Land gesehen, gelassen und stolz an den Okkupationssoldaten mit entsicherten Gewehren vorbeigehen, ich wußte, wie sie jahrelang unermüdlich durch Tod und Verstümmelung rannte, ich sah, wie sie sich dabei den Humor bewahrt hatte, während ich mich von meinen kurzen Kriegsaufenthalten für Tage, Wochen, Monate erholen mußte, der Verzweiflung anheimfiel. Ich hatte mich stets geschämt vor ihr, nicht stark genug zu sein. Nun hatte ich aber den Entschluß gefaßt, ihr Widerstand zu leisten, meiner Scham Widerstand zu leisten, mich aus der Magdschaft zu befreien. Ich beschloß, für mich, für meine ureigenste Schwäche einzustehen und aus der fremden Kriegsikone meine Freundin zu machen.

Schon zur Begrüßung wollte ich die neue Grundregel aufstellen: Ruhen wir uns doch aus, laß uns nicht vom Krieg reden, nur bei unseren Auftritten. Doch sie sprach als erste: Ich spüre, du hast mir Erholung vorbereitet, laß uns nicht vom Krieg sprechen. Wie ich mich freute! Ich führte sie ans Seeufer, dort war Licht, und am Horizont türmten sich verschneite Berge auf, doch sie sah nichts davon, vor ihren

Augen defilierten Menschen im Krieg, und sie erzählte von ihnen. Ich hörte zu, doch etwas war geschehen: zwischen mir und ihren Worten war schon das Licht und standen die Berge und war der See, und ihre Worte erreichten mich zwar, aber sie waren begleitet von meinen Verbündeten, sie waren getunkt im Licht und waren müde von der Bergwanderung, und sie waren naß, denn sie waren über den ganzen See geschwommen. Sie waren nicht mehr unmittelbar, und ihre mich stets verletzenden Kriegspfeile waren stumpf. Ich war nicht mehr die bloße Begleiterin der Kriegsfrau, ich lebte in meinem Frieden.

Wir blieben vor einer monumentalen schwarzen Skulptur von Henry Moore am Seeufer stehen, die Mann und Frau in einer erotischen Anziehung darstellt, und ich fragte meine Freundin: Was siehst du darin? Frau und Mann, schoß es aus ihr, sie zeigte auf den sich aufrichtenden Phallus: Das ist die Frau, ihr Kopf ist erhoben, aber er beugt sich liebevoll und müde über den Mann. Dann deutete sie auf die Steinvagina, die in der Form eines breiten Tores gehauen war, und sprach: Hier ist der Mann, er wächst regelrecht in die Erde hinein, verschwindet darin, ausgehöhlt, und die Frau beschützt ihn. Ihre Auslegung war ernst, und sie selbst war berührt davon. Als ich ihr die Absicht der Künstlers erklärte, erschrak sie und versuchte ihren entschwindenden Boden zu retten: Darf es nicht jeder so sehen, wie er es will? Auf dem Rückweg begegnete uns eine großgewachsene Erscheinung auf Stöckelschuhen, mit sehnigen, festen Waden, stark geschminkt, sich in schmalen Hüften im Tigerkostüm wiegend, und die Kriegsfrau rief begeistert aus: Was für eine wunderschöne Frau! Es war ein muskulöser, selbstbewußter Transvestit mit einer wallenden roten Perücke. Ich sagte trocken: Das ist ein Mann, worauf sie für den Rest des Tages bleich in sich versank. Meine Freundin huldigt der Stärke. Und ich machte die Entdeckung, daß ihre Schwäche ihre Angst vor der Schwäche ist. Und ist dies nicht etwas, was wir gemeinsam haben? Nun fing ich mit dem Angriff auf die Angst an, ich zeigte Schwäche auf Schwäche, löste ein Erdbeben aus, das uns in Wellen erschütterte. Dabei riskierte ich den Ausbruch ihrer Verachtung, Spott konnte sich über mich ergießen, aber ich stand bereit, ihm Einhalt zu gebieten, wähnte mich stark genug. Nach Jahren Krieg und Freundschaft wußte ich, daß ich ihrer Stärke keineswegs mit Stärke, sondern nur mit meiner Schwäche begegnen, sie nur so aufweichen kann, um Herrschaft und Knechtschaft zur Partnerschaft zu verwandeln.

Ich setzte für den Heilungsprozeß meinen geschwächten Körper ein, entblößte vor ihr meinen Kopfschmerz, gab ihn freimütig zu, nahm ihn als Anlaß zur offenen Verweigerung. Als wir nämlich in einer Stadt ankamen, um vor einem neugierigen Publikum aufzutreten, sagte ich vor dem Tor entschlossen: Ich habe Migräne und werde diesmal nicht dolmetschen. Wollte ich nicht auch ihre Liebe zu mir prüfen? Sollte diese nicht meinen Schmerz durchwandern und annehmen? Und meine Freundin blieb meine Freundin, sie zeigte Größe und Nachsicht. Sie war zwar für einen Augenblick zusammengezuckt, der Krieg in ihr war zusammengezuckt, doch gleich faßte sie sich, trat den Rückzug vom Schlachtfeld an: Gut, wir treten nicht auf. Wohin gehen wir? Wir gehen zum Fluß, sagte ich. Wir lassen den Krieg alleine sein, wir füttern ihn heute nicht. Ich bin voller Schmerz und will ihm, nur dem Schmerz gehorchen und keinen neuen bei mir empfangen.

Es war, als hätte ich ihr heimtückisch das Schwert aus der Hand geschlagen. Der Krieg war ihr Thema, der Krieg war ihre Waffe, war ihre Stärke, war ihr Zepter, mit dem sie herrschte. Am Flußufer herumzusitzen, das schwächte sie, das kannte sie nicht, das war gefährlich. Es war, als zerfiele sie auf der schlichten Gartenbank sitzend, ohne die Worte des Krieges, ohne das Publikum, das sie gewohnt war zu erschüttern, für sich zu gewinnen. Wer war sie ohne die geschändeten Leichen, wer war sie ohne neue Verhaftungsmeldungen? Konnte man sie so lieben, konnte und wollte ihr jemand zuhören, wenn sie keine Greuel mitbrachte? Ihre schweren Alben mit Kriegsbildern, die sie stets mit sich trug und die ich ihr half, mitzutragen, ließen wir am Bahnhof zurück, schloßen sie hinter einer dicken blauen Metalltür in eine dunkle Kammer ein, und ich nahm den Schlüssel an mich. Ihr Gang wurde unsicher ohne die gewohnte Last, sie torkelte leicht, und ihr Blick schweifte umher, ohne einen festen Punkt finden zu können. Keine Ruine ringsherum gab es, auf der sich ihre Augen hätten ausruhen können. Renovierte Häuserfassaden, Läden mit tausend und einem Gegenstand, und keiner war durchschossen, keiner geraubt. Was für eine Gewalt für die Kriegsfrau!

Und ich setzte ihr weiter gnadenlos zu, endlich kämpfte ich, kämpfte gegen den Krieg: Der Krieg hat nicht Vorrecht auf alles. Du lebst im Krieg, ich im Frieden, trotzdem sind wir beide, jede auf ihre Weise arm und reich. Verbeuge dich vor meinem Leben, wie ich es vor deinem tue, es ist nicht weniger wert, nur weil es nicht durch den Krieg bedroht ist. Der Zauber des Krieges fiel von mir Stück für Stück ab, mit jedem von meinen Lippen abfallenden Wort, und auch die Migräne zerbrach wuchtig wie eine Steinplatte, die mich beschwert hatte. Ich war nicht mehr durch den Tod, nicht mehr durch Fotos von hilflosen Blicken der Waisenkinder, nicht mehr durch Berichte von Plünderungen, nicht mehr durch Flüchtlingszelte erpressbar. Ich wußte nun um das Recht auf mein schönes inneres Haus und auf meine Unversehrtheit, ich verlor mich nicht mehr in den Trümmern, stolperte nicht auf Scherben, keine Kriegsgeschichte brachte mich zum Fall. Ich war herausgekommen aus dem Elend, auch wenn es mich weiter umgab, ich ging aufrecht darin, unverletzbar und trotzdem behielt ich das Mitgefühl. Ich floh nicht aus dem Krieg, ich schaute ihn weiter an, arbeitete gegen ihn, aber seine Logik, seine Moral konnten mich nicht gefügig machen, denn der Frieden wuchs in mir, wurde mein Freund und Berater.

Die Kriegsfrau brauchte einen Nachmittag, um den Sinn meiner Worte zu erfassen. Sie hielt inne, wurde zum Stein, zu einer grauen Statue am Ufer, die unverwandt auf den Fluß stierte. Sie konnte noch nicht Fluß werden, sie war erstarrt vor Angst, sie hätte mich an den Frieden verloren. Gegen Abend wurde sie geschmeidig, wurde der gemächliche Strom, sie hortete nicht, sie übergab mir ihre Kriegsalben: Bewahre sie auf. Ich packte sie ein und trug sie in den Keller. Dort sollen sie warten, bis sie ans Licht eines Kriegstribunals heraustreten. Meine Freundin sagte, als wäre sie erwacht: Heute war ein schöner Tag.

Es war Frühling 2002, in Tschetschenien war noch Krieg, aber wir übten in der Schweiz schon den Frieden.

Veröffentlichungsnachweis

Die hier veröffentlichten Texte erschienen in verschiedenen Zeitungen und wurden für den vorliegenden Band überarbeitet.

Heimatsinne und Fremd-Card. Kafka, Zeitschrift für Mitteleuropa, Berlin, Nr. 2, 2001

Eintagsfliege als Subjekt. Über die Alltagskongruenz oder Liebesgeschichten. Ein Frühlingstag. Die Weltwoche, Zürich, 29. Mai 1997 (gekürzt)

Wo fängt der Osten an? Frankfurter Rundschau, Frankfurt, 23. September 1997

Osteuropa eine Frau, der Westen ein Mann? Frauenzeitung, Zürich, Nr. 1, 2001.

Die Mutter, die Journalistin, ich und der Krieg. Tagebucheintragung am 31. März 1999. Freitag, Berlin, 9. April 1999

Eine Familie ist noch kein Härtefall. Die Weltwoche, Nr. 26, 1. Juli 1999. Zürcher Journalistenpreis 2000

Transsilvanien – Land jenseits der Wälder. Reisen in den rumänischen Südostkarpaten. Neue Zürcher Zeitung, Zürich, 18. Februar 1999. Medienpreis des ostdeutschen Kulturrates 1999

Wenn Sedmohradsko zu Siebenbürgen wird. Kulturpolitische Korrespondenz 1094, 25. November 1999

Hart der Boden, biegsam der Mensch. Slowakische Dörfer im rumänischen Bihor. Neue Zürcher Zeitung, 22. Dezember 2001

Teufel im Kloster, Gott im Schwefel. Rumänische Paradoxien. Frankfurter Rundschau, 9. August 2002 (gekürzt)

In der Bahn, aus der Bahn. Eine Reise durch die Ostslowakei und das Tatragebirge. Neue Zürcher Zeitung, 26. August 2002

Abgesägter Obstgarten. Besuch in Moldawien und Transnistrien. Neue Zürcher Zeitung, 16. November 2002

Wurst, Käse, Wodka und Musik. Goralen-Hochzeit im polnischen Tatragebirge. Merian, Hamburg, Mai 2001

Der Vorhof der Hölle. Weibliche Gefangene in Rußland. Frankfurter Rundschau, 13. Januar 1996

Fabel vom Fuchs, von der Flucht, vom Schreiben und vom Widerstand. Mein Weg nach Tschetschenien. Aus dem Sammelband »Die Wölfinnen von Sernowodsk« (Stuttgart: Quell Verlag, 1997)

Wo Tote wichtiger sind als Lebende. Wie lebt es sich in der tschetschenischen Republik Itschkeria. Die Weltwoche, 2. April 1998

Matuschka Rossija und ihr Sohn. Ein Politmärchen über Rußlands Krieg in Tschetschenien. Neue Zürcher Zeitung, 3. August 2000 (gekürzt), Freitag, 22. September 2000

Tod am Zürichsee. Aus dem Frühlingstagebuch einer Schreibenden. Frankfurter Rundschau, 22. Juni 2001 (gekürzt).

Die Sammlerin der Seelen. Porträt einer Tschetschenin. Neue Zürcher Zeitung, 28. April 2001; Freitag, 7. September 2001 (gekürzt). Theodor-Wolff-Preis für Journalistik 2002

Über den Körper hinaus. Offener Brief an die tschetschenische Menschenrechtlerin Sainab Gaschajewa. 2001. Die Weltwoche, 2. August 2001; Berliner Zeitung, Berlin, 22. Juni 2002. Emma-Journalistinnenpreis

Schreie im Tempel zu Babel. Auftritt der tschetschenischen Menschenrechtlerin Sainab Gaschajewa vor der UNO-Menschenrechtssession in Genf im Frühjahr 2002. Amnestie! Das Magazin für die Menschenrechte, Schweizer Sektion der Amnesty International, Nr. 32, November 2002

Zur Autorin

Irena Brežná, geb. 1950 in Bratislava, Slowakei. 1968 Emigration in die Schweiz. Studium der Slawistik, Philosophie und Psychologie an der Universität Basel. Als Psychologin in der medizinischen Forschung, als Russischlehrerin und Dolmetscherin, seit 1980 vor allem als Schriftstellerin (bisher sechs Bücher) und freie Journalistin tätig. Mit acht Publizistik-Preisen in Deutschland und der Schweiz ausgezeichnet.